商贸服务业职业培训教程
适用商贸服务业技能考评

商贸服务业店长
培训教材

潘玉明　著

中国商业出版社

图书在版编目（CIP）数据

商贸服务业店长培训教材 / 潘玉明著 . -- 北京：中国商业出版社，2024.3

ISBN 978-7-5208-2882-6

Ⅰ. ①商…　Ⅱ. ①潘…　Ⅲ. ①商业企业—企业管理—技术培训—教材　Ⅳ. ① F715

中国国家版本馆 CIP 数据核字（2024）第 065733 号

责任编辑：管明林

中国商业出版社出版发行

（www.zgsycb.com 100053　北京广安门内报国寺 1 号）

总编室：010-63180647　编辑室：010-83114579

发行部：010-83120835/8286

新华书店经销

天津和萱印刷有限公司印刷

*

787 毫米 × 1092 毫米　16 开　10 印张　167 千字

2024 年 3 月第 1 版　2024 年 3 月第 1 次印刷

定价：48.00 元

* * * * *

（如有印装质量问题可更换）

前言 Preface

店长及其工作岗位所在的店铺是商业服务企业与顾客接触、提供服务内容、实现交易并获利的关键转换场景要素，无论是实体店还是线上店铺转化经营，都具有同类商业属性。很多服务类企业，特别是五金家电、家居维修、洗染家政、健康照护等生活服务经营者，关注重点往往放在服务内容的后厂加工及供应渠道疏导方面，相对忽略店铺场景的打造、员工服务状态的调整、店铺运营周期的规范管理，客观上会降低顾客对于服务内容的信任度和喜好度，进而影响企业品牌的升级发展。

随着国际网络文化渗透，各种地域文化价值观交互影响，促进了消费者生活方式转型和个性化需求升级，特别是随着数字化服务营销的快速迭代发展，服务渠道多元、服务半径缩小、服务时限缩短、服务程式简化，促成行业发生重大变革。

传统印象中被动等待顾客到店寻求经营者提供服务的坐商模式，已经让位于经营者主动转换于不同渠道、行走于店铺和顾客居所之间的新行商模式，单纯售卖服务内容的商业经营也已经让位于融合多种生活方式需求的服务营销，以往人们以为是位于时尚商业背后、属于生活支持类的服务内容经营者，已经转化为直接的生活方式服务营销经营者。所以，所有经营店铺的商业服务类企业，都应该重新审视企业自身社会定位，提升所在业种的社会价值认知，强化店铺运营规范化管理，同步强化店长职业岗位的规范化水平。

本教材的编写目的有两个。

一是更有效地讲解商贸服务业店长岗位技能规范，突出商贸服务行业店长职业岗位的角色价值，连同提升商贸服务业店铺的社会价值，明确店长岗位工作任务，厘清职责权限边界，推动和培养更多的店长岗位人才。

二是响应国家主管机构创新就业者平台、规范就业渠道的政策，带动商贸服务行业相关业态、业种的就业和岗位成长，包括店长岗位从业者的晋级发展、跨业态成长，以及身处各类服务业态、业种店铺从业者的岗位晋级、综合成长，促进服务行业的服务营销、现场运营管理水平。

本教材的结构特点有三个。

一是突出技能实操重点，围绕商贸服务业店长技能规范的模块要求，在内容上突出职业能力优先的原则，注重一线岗位应用。

二是在结构上，遵从职业岗位技能模块的顺序，虽然在标题和形式上有一定的重叠，但是在内容要求上逐渐升级，中级包含初级，高级包含初级和中级，参考最新行业发展趋势，比如即时零售对服务行业的升级迭代、社区融合化服务趋势等，依次体现各个级别的技能差别。

三是在对内容的解析方法上，将相关侧重点分为小标题，按照一线员工整理简答题的思维习惯，重点描述理解和操作的方向及要点，便于大家在解读的时候提炼要点，并从思路和方向角度结合本专业的特点展开细化应用。

本教材作为行业岗位技能成长指导资料，是商贸服务业店长培训的基本教材，是店长技能大赛的基本参考资料，是相关技能大赛和岗位认定题库开发的重要依据。

目录
contents

第1章 商贸服务业店长的岗位特点

1.1 基本知识

1.1.1 商业与贸易

1. 商业

商业是处于生产者和需求者之间，在某个店铺场所或者网络平台，通过买卖商品或者服务项目的手段，与需要的人或者项目洽商约定，完成交易，获得利益的经济活动。所以，商业的特质是交易获利，一般包括批发业和零售业。与商业相关业态，包括流通运输、仓库保管、金融保险、广告宣传等服务产业项目。

商业成立的条件有三个，通常大众主要关注两个，第一个是买，第二个是卖，还有第三个就是供应商提供商品。如果供应商和销售商都不存在，商业就不能成立，所以，消费活跃的前提是生产、供应端兴起。

商业交易一般用货币作为中介。不过也有例外，语言不通、货币无法兑换、生命垂危等特殊情况下，不需要货币中介也能完成交易，称为“物物交换”。

商业可以分为批发业和零售业，批发业指从生产商和进口商那里采购大量商品，卖给零售商的活动，对于批发商的称呼，在日本有大售卖、商社的说法。零售业是具体开店、开设平台，直接面对终端消费者销售商品的活动，在日本称为小售卖。

在产业划分方面，商业属于第三产业，即服务业范畴。与第一产业（农业）、第二产业（工业和建筑业）有很大的区别。不过，随着商业向制造业的追溯、融合，从商业角度看，制造加零售（SPA）的生态创新越来越多，打破了产业的理论定义界限。

在历史上，商业的概念源于中国古代，大约从公元前商朝消亡以后就出现了。商朝定都于殷，也叫殷王朝。商朝被推翻，老百姓在其他地方从事农产品的买卖，将这种活动叫作“商”业，似乎有纪念商朝的含义。

中国商业在历史上较早的鼎盛时期是唐朝的后期，不管国内还是与其他国家、地区的贸易往来活动都很活跃，比如丝绸之路就是当时开辟的国际商道。

如今，将商业看成是一个业态，可细分为诸多业种。习惯上说的零售业，是商业中大家最熟悉的一部分。

2. 贸易

贸易主要指在国际层面的商业交易行为，国家或地区之间跨境进行的商品或资金交易活动。它涉及合作采购、商品组合、合约运输、恒温仓储、汇率结算等，到达国内转为分级物流配送，衔接快递到达合作品牌店铺。

本书使用的商贸服务业店长概念，在一定程度上延续了行政体制商贸管理的习惯称呼，重点指国内民用商业企业，鉴于网络跨境电商国际化的趋势，也包括跨境民用商业企业。

3. 流通业

流通业是与商业接近或交叉的另外一个概念，强调商品、货币的代理移动特征。具体指两种模式：一是从生产阶段代理移动到最终消费阶段（民用消费品）；二是生产阶段代理到达标准化组装阶段（产业组装品），强调推动社会经济资源代理流动的功能。

流通也可以大致分为商流（资金流）和物流（商品流），两者流动的逻辑顺序相反，商品从制造厂家到达消费者手中，货币资金从消费者手中反向流动到商家、制造厂家手中。

1.1.2 店铺与店长

1. 店铺

店铺是为了售卖活动而建设的建筑物及相关设施。售卖的内容包括商品和服务项目。店铺的最高责任者，就是店长，位于店铺执行团队岗位序列中的最高位置。

店铺的内部商品区域称为店头，店铺的运营责任人是店长，在店里工作的员工称为店员。店员的用工形式一般分为上级机构委派的自有员工，外部招聘的短期工、小时工。

单独开设的店铺称为独立店铺；多家店铺组合而成的购物中心形态，称为商业设施；多家店铺集聚的主题区域，称为商业街。

店铺的概念，源自中国古代两种商业业态：一个是市区住宿加餐饮设施，史称邸店，功能类似现代旅馆、酒店，有的和仓储合并开设；另一个是售卖设施，史称肆铺，售卖店铺为了靠近客人，往往建在邸店附近。可以看出，零售业和住宿业，很早以前就是邻近相伴的业态。肆铺的概念传到日本以后称为“见世棚”，意思是可以看见的陈列商品的货架，把货架陈列看作店铺最重要的特征。据资料记载，早期做贸易的人到中国观察撂地摊售卖方式，感觉尘土较多，不安全也不卫生，不适合日本售卖鲜鱼等商品，逐步改成货架销售。

构成店铺的硬件要素，一般包括陈列、展示、服务区，商品或服务项目加工区，传递转换区，服务保障设施。历史上第一家百货店在英国开业时，店铺的硬件设施主要指货架，通过货架陈列、标价销售，后来传到法国，成为零售业的一个历史性变革。

常见实体店铺包括百货店、购物中心、综合商业体、超市、便利店、药妆店、品牌专卖店、品类专门店、专项服务店、移动售卖店、自助售卖店等。

2. 店长

店长是从事商业服务业独立门店或综合商业体中租赁专门店的开店、运营并维护、监督检查的人员。

一般理解，店员的主要职责是提供服务、销售商品，而店长的主要职能，不仅要自己执行销售，还要负责店铺运营监督管理（见图 1–1），也就是说，店长既要管事，还要管人。通常，按照授权差异，多数店长是没有权限涉及商品开发和品类布局组合等决策任务的。

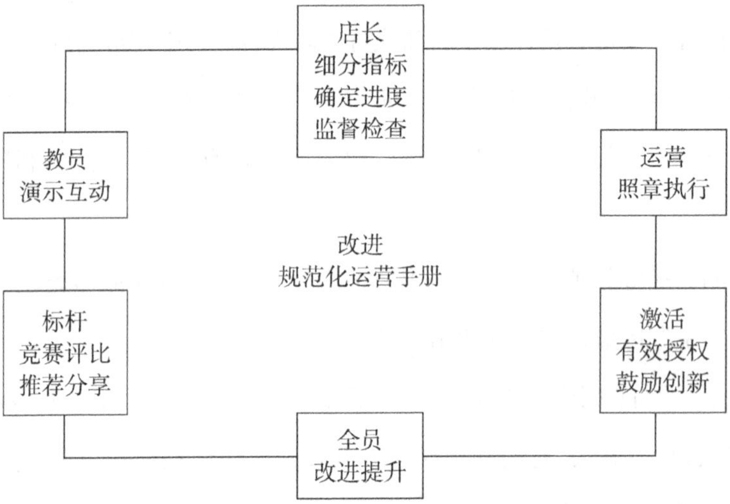

图 1–1　店长的监督功能

1.1.3　服务与营销

1. 服务

（1）定义

国际标准组织（ISO）将服务定义为，为了满足顾客需要，经营者与顾客的接触活动，包括服务提供者内部支持性的活动中所产生的结果。服务活动追求的目的是顾客满意，其中，商业服务目标还包括实现稳定的交易。具体解释如下。

一是经营者，即服务提供者包括人员、设备、设施、环境等，与顾客发生接触性互动活动。

二是这些接触性活动是服务的本质或核心，包括面对面接触和网络数据接触活动。

三是服务提供者需要有相应的支持性活动，协助完成服务全过程。

四是提供有形商品或无形服务项目（产品），是服务的必要组成部分，因此，服务需要与这些产品的供应商合作。

服务活动，在商业服务企业中，与公益服务有显著区别，体现出商业化特征，即实现稳定的交易和利润，简单理解就是提供服务，按照约定收取费用。

（2）服务礼仪

大家常说的礼仪包括礼节和仪式，是以人际交往中的关怀、敬意、谨慎的态度为基础的行动规范。在商业服务场合，为了维持服务关系和经营秩序，对顾客、合作方表示自律和诚信，规定的交往规则和接待沟通的行为要求。

商业服务礼仪，包括身体姿态、肢体动作、表情态度、接待语言、穿着风格、行为程序及原则等，体现一个人或者一个团队的服务质量、合作态度、文化素养。礼仪经常被通俗地理解为行为举止。

礼仪行为大体分为以下三个层级（见图 1–2）。

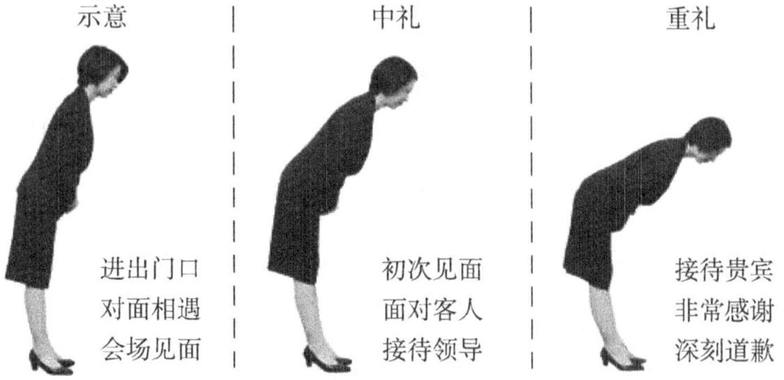

图 1–2　服务礼仪行为

①初级（示意）。自然对视、表情示意，日常见面打招呼，致谢，常见于请求礼让、表示感谢等。行为表达为稍微鞠躬，或者举手微笑示意，表示热情，属于日常服务接待的基本形态。

②中级（中礼）。致歉或者敬礼，遇到尊敬的客人表示尊重；和顾客、合作方之间发生不愉快表示道歉；遇到很重要的洽谈场合，当面向对方表示感谢、敬礼。有时会伸出双手抱拳，表示致敬，希望对方理解、接受。

③高级（重礼）。遇到特别尊贵的恩人，表示诚挚感恩；联手合作事项获得重大成功，向合作方表达由衷的感谢；在生活及工作中出现重大失败事件，造成很大损失，当面向对

方表示忏悔、赔罪，深度鞠躬、请求谅解。

（3）服务沟通

沟通指使用语言和肢体动作，与对方互相传达某种情感、思想、愿望等意图的言语活动，一般指和顾客及合作方之间通过语言进行表述。沟通能力大小指在合作关系中能够顺利表述、互相认同的程度。由于身体或精神上的原因，不能友好地与他人交流表述，被称为沟通能力弱，严重的被称为“沟通障碍”。

在商业服务中，沟通一般指按照预期计划和目标，把有关的资料信息、主导设想和主观情感，通过个人或群体渠道，传达给顾客或者合作者的活动。沟通起点是热情相视、善意微笑，沟通目的是建立关系、让对方理解自己的意图、达成合作协议、实现交易。

衡量沟通质量的好坏，不是看向对方表达了多少，而是询问对方听懂、认同、接受了多少，这是衡量沟通质量的关键。

做好服务沟通的要点如下。

一是注重情感接受、认同。一般的沟通，往往强调权威部门指定的要求和规范的宣讲，传达宣讲内容的权威性，用语气强硬程度代表表达内容的合理程度。其实，在店铺执行层面，要从中上层开始注重情感化讲解，把讲道理和演示方法结合起来。

二是要注意讲解操作要领和行为示范。集中讲解，在一定程度可以理解理念和规范内容，要想有效地落实执行，必须变成示范演示，作出分解动作示范，让员工模仿执行操作的要点，互相检查、确认，将我说给你听变成我做给你看、你来模仿试试看。

三是要及时检查沟通效果。通过员工互评、服务质量反馈、顾客复购率等形式，用行为记录表单记载下来，确认理念和规范执行的效果，不断改进，即“行为记录改进检查”。

（4）好的服务

好的服务是有竞争力的、有活力的服务，主要体现在四个方面。

一是积极组织营销、推广销售商品和服务产品，打造有特色价值的活动，推动业绩增长。

二是创新服务产品，产品鲜度高、差异化突出，从不同渠道、区域体现更好的创新力。

三是持续维护顾客群体价值，顾客复购、认同等忠诚系数高，具有特色化的聚客力。

四是优秀服务项目可以稳定和持续升级，展现企业决策能力、运营能力、服务能力。

服务创新，来自内部和外部双重动力，也可以说是压力，根源是满足顾客需求。

（5）服务活动的演变

关于服务活动的演变，从策划以及推行质量变化，大体经历以下三个阶段。

第一阶段：被动解决。1990 年前后，坐等顾客上门，比如商品故障需要修理，提供修理项目就是服务，商业企业被动等待顾客上门，以售后补偿解决方式为主。

第二阶段：约定解决。2000 年前后，向消费者公示服务项目或服务产品，顾客可以通过一定手段，预订和利用、购买这些服务项目，也可以叫预约式服务，服务提供方逐渐开始主动策划设计服务项目，主动向顾客需求靠近，一般服务争议减少，以协商解决方式为主。

第三阶段：预制解决。进入 2010 年以后，依靠经验法则分析或者依据数字化技术，提供系统化的前置式预制解决方案，主动设计较为系统的服务项目，监督商品质量、运营过程效率，关注顾客满意调查结果，参照顾客需求，提供顾客更喜欢的服务项目；利用信息化、数字化工具，在后台顾客管理系统中预设各种服务问题解决要素和解决流程，预制解决方案，一旦发生服务纠纷，可以在第一时间处置风险。

（6）顾客满意度

顾客满意度指顾客利用或购买商品及服务产品以后，感知满意程度，包括对服务内容本身性价比的感受、对场景体验过程的感受两个方面。随着消费方式多元化，场景体验过程感受对于复购影响更大。通过询问调查，汇总被访者每个人的打分，可以得出一个时段、一个主题的评价分值，即满意度得分。

顾客在一定时段的复购次数、金额，代表顾客对店铺或者服务内容的喜欢程度，一般称为忠诚度。

满意和忠诚两者关系是，忠诚一定满意，但是满意不一定回购，即不一定忠诚。

影响顾客满意的因素，有四个方面。

一是服务内容本身的质量和价格、款型、色彩等基本要素组合的性能。

二是顾客期望值大小。服务感受与期望值一致，定义为满意；低于期望值，则定义为不满意；低于期望值很多，可能引起抱怨和投诉；高于期望值，定义为很满意。

三是顾客的重视程度。如果对某项商品或者服务因素重视程度很高，就不容易实现较高的满意度。

四是顾客情感状态因素。情感因素涉及情绪波动，受个人身心健康状态、亲属互动状态、社交口碑等因素影响，会成为满意度很大的影响因素。

2. 营销

美国营销协会认为，营销是为需求者提供价值物的制造、传递、配送、交易的活动。营销策划是决策者的首要任务，营销的核心点是创造有价值产品的活动。

（1）营销活动的原则

营销活动的原则，主要是 STP 三步。

S（Segmentation）指市场细分，企业当下和未来 3 ~ 5 年想干什么、目标是什么。

T（Targeting）指细分以后确定类型和风格，形成手段、渠道、运营方法、效果评价的系列化操作方法。

P（Positioning）指营销方案逐级、逐件分解落实，针对细分目标客群和需求特点，确定产品组合布局风格，策划营销事件，便于顾客认知识别、选择利用、体验扩散。

因此，营销策划落实到店铺或者服务场景阶段，关键要素包括产品组合质量、营销广告效率、接待服务政策可视化，目的是让顾客在熟悉的平台上容易发现和利用营销政策。

（2）营销 4P 理论

4P 理论是美国营销学大咖麦卡锡教授在 20 世纪 60 年代提出的，产品（Product）、价格（Price）、渠道（Place）、促销（Promotion）四个单词的第一个字母连在一起，写为 4P，代表 4 个营销手段组合策略，形成企业创造价值的系统，被人们认为是经典的营销理论。

2000 年以后，国际上营销研究发生战略性转向。以美国为代表的流通业及零售业出现三个特征。

一是开发零售业内部竞争动力，包括服务策划提供能力，店铺差异化组合，网络无店铺，数字化系统处理等。

二是分享和利用国内外跨界力量。根据不同的文化和经济形态进行整合，从家庭结构演变到地域文化融合演变；从女性就业演变到环境问题关注等，寻找行业发展方向。

三是面向国际市场，强化竞争力，包括市场覆盖政策，产品组合政策，国际服务标准化，国际统一的营销策划设计等。

（3）全渠道营销

全渠道营销是步入网络时代提出的概念。早期说法是源自美国的 O2O（Online to Offline），具体指传统实体店在改进线下营销的同时，开展网络渠道营销，顾客可以在实体店消费网店商品，也可以通过网络手段消费店铺商品，线上线下交叉接受服务，体现出服务营销方法的变革和升级。

对于运营稳定的实体店来说，全渠道营销的根本任务，是把网上流量消费者诱导到本企业店铺，适度开展网络营销，避免轻易开展网购，把现有顾客引导到网络渠道消费。

全渠道服务营销要追求的顾客价值，即顾客感觉到好处体现在三个方面——在任何时候（When）、任何地点（Where），以任何方式（How）都能够灵活跳转、体验或购买商品，购买服务项目。

（4）视觉营销

视觉营销（Visual Merchan Disind，VMD），可以简单理解为商品政策的表现形式。视觉营销主要目的是用一定的表现手法，突出商品特性，提高店铺场景吸引顾客的能力。

从经营管理角度看，视觉营销的起点是经营产品的采购、选品及组合策划，延伸到现场的商品布局与组合，采用适当的道具、色彩及场景造型，对特定商品进行展示、陈列，具体元素包括主题商品、设备设施、卖场商环境、各类看板、POP、音乐、通风、照明等。

从顾客利用的视角看，视觉营销的起点是为顾客提供“便于”发现、“便于”选择、“便于”利用（三个“便于”）的购买接触面及价值点。

传统机制下的店铺，或者实施连锁化经营的企业，习惯集权管理，将旗下各个店铺统一布局、统一格调、统一营销节奏。

从新的商业理念看来，每个店铺、每个服务场景所处的社区人文环境都有差异，各个店铺风格也应该不同，企业应该尊重区域顾客需求个性，将部分服务内容的选品和组合权限授给店长，店长直接参与或者主持一个店铺的独特营销方案，形成特有的视觉营销规则、手法，形成店铺 VMD 运营原则与个性化作业指导手册，作为店铺服务质量检查、绩效评价管理的依据。

（5）服务营销差异传递理论

笔者结合实际工作，提炼服务营销差异传递思想，作出以下解读。

一是营销责任者和服务责任者出发点不同。虽然营销要素策划和展开落实过程，就是服务活动落地过程，同样参与创造价值活动，但是营销责任者偏重关注业绩，服务责任者偏重关注顾客反应。

二是营销责任者和服务责任者切入点不同。营销责任者推进切入点是推广技术手段，由内而外，观察获客效果和销售业绩；服务责任者推进目标是侧重没有客诉，切入点是由外而内，营销及辅助的服务政策是否一致、简明，不能违背顾客权益，观察顾客反馈和现场销售效果，平衡内外部矛盾。

三是营销责任者和服务责任者管理价值诉求不同。内部分工差异容易放大为冲突，在遇到顾客质疑、出现纠纷时，营销责任者首先解释自己的合理性，服务责任者首先寻找法规依据，从顾客角度出发，监督内部问题，调解企业与顾客的矛盾。

四是传递和解决方法不同。如果决策层将服务契约放在首位，把顾客利益放在首位，营销责任者和服务责任者政策传递和解决方法完全一致，问题解决质量会比较高；如果决策层将行政管理权威放在首位，兼顾解决顾客权益，营销责任者和服务责任者就会出现政策传递不一致甚至冲突的情况，服务及营销质量会波动下降。

因此，企业决策者对于顾客服务契约化的理解和执行质量，决定店长是否真正将顾客权益放在首位，也成为店铺能否处理好营销责任者和服务责任者关系的关键。

（6）服务营销一体化

从店铺总体经营策略思考，商业企业都是为了赢得更多的顾客、稳定提高交易，扩大销售业绩，这是服务和营销统一的工作目标，所以，服务和营销理论上是处于一体化工作系统。

一是从总体目标出发，有效处理好内部合作关系，如实地汇报顾客反馈结果，包括客流量、销售业绩、顾客满意度真实数据，避免编造顾客满意数据，误导团队工作方向。

二是建立服务、营销一体化管理授权和流程，分清职责，预防冲突。一方面规定服务岗位参与营销策划过程，做好授权，共同设计营销方案，避免互相推卸责任；另一方面加大服务职能部门，特别是服务质量管理者的处置授权，用顾客视角强化对营销活动的监督，校正营销政策，提高服务和营销质量。

三是建立可视化验证平台，比如可视化的雷达图、问题解决进度图等，让相关级别责任者和上级部门管理者能够看见存在的问题以及问题解决的进度，督促服务、营销活动推进效率，将消极因素快速转变为积极因素。

服务营销要素的对应分析，如表 1–1 所示，重点包括共同策划、营销关注点、服务监督点等工作环节的关系。

表 1–1 服务营销要素的对应分析

第一阶段 共同策划	选择客群：为追求什么风格的顾客提供服务？ 查询筛选：顾客点击浏览项目及频次、购买项目及频次。 确定顾客偏好：价格带、购买频次、光顾的时间特点		
第二阶段 营销关注点	喜欢什么风格	功能、品类的组合	场景、组合、展示
	买什么品牌	品牌的组合和分布	销售方式
	买什么单品	单品、比重分析	POS 数据分析
	用什么方式买	卖场、宅配、网络	毛利额贡献率
第三阶段 服务监督点	顾客重视要素的满意度、顾客价值分析、调整改进措施； 全渠道流程诊断、优化、升级、再造		

（7）顾客关系管理

顾客关系管理是企业为了赢得新顾客、巩固老顾客，提高业绩，通过持续沟通，增加顾客购买行为的管理方法，也可以理解为营销方法，叫作持续性的关系营销。

随着服务标准化研究和企业全面质量管理的规范化，顾客关系成为一个服务、营销等多视角共同关注的话题。顾客关系管理演变的四个阶段如下。

第一阶段为 20 世纪 80 年代。主要特征是关注顾客关系本身，即如何搞好顾客关系，增加销售，出现很多理论分析和案例试验方法，在企业应用层面，主要是收集顾客相关消费信息，特别是与本企业销售活动有关的信息。1984 年，美国的尼门马科斯百货店引进积分卡系统，开始推行顾客分类管理。英国的特易购（Tesco）在 1995 年推出俱乐部会员卡系统。这个思想大约在 1998 年从美国传到日本，同期被中国大陆商业行业所关注、尝试。

第二阶段为 20 世纪 90 年代。主要特征有两个：一个是开设顾客热线服务，也就是建立呼叫中心，座席员用固定电话联络顾客，解答疑问；另一个是建立会员制度，分级管理，出售会员卡。会员中心、呼叫中心成为整个服务行业流行话题，大家互相参观借鉴。

第三阶段为 2000—2010 年。顾客关系理念逐渐向深层次转变，零售业、金融业、咨询业都开始策划推出顾客关系管理政策。

在2007年前后，顾客关系管理思想侧重点出现分化，欧洲开始偏重倡导顾客生涯价值，而日本开始转向“可视化”的店面营销策略，即VMD策略，将商品政策通过简单可视化程序展现给顾客，顾客关系管理的本意出现演变，关键在于与营销结合更紧密。

第四阶段为2010年以后。顾客关系管理概念向网络化服务营销系统演变，很多零售企业的呼叫中心功能停留在按照书面目录查找商品、在线回复顾客的状态，同时，网络信息化、数字化技术应用加速发展，网络零售全面崛起，全渠道服务营销体系在技术层面逐渐完善，线上线下的会员管理、商品数据分析、快速配送等功能融合推进，网络技术研发形成的数字化功能，带动企业顾客关系管理升级转型。

网络时代顾客关系管理侧重点有以下三个特点。

一是由于客群在不同渠道的流动加快，商业企业必须跟踪不断变化的需求倾向、具体品类，调查预测顾客需求和满足需求方式的演变，或快或慢地作出调改。

二是调查与本企业网店相关的客群需求点变化，从本企业渠道跳转离去的理由，拟定对策。一般情况下，顾客在不同渠道平台之间跳转选择的理由顺序是：发现有更喜欢的货；利用更加便利；性价比更合适；商品或者服务项目的内在质量更让人放心；有机绿色素材，有利于身心健康。

三是企业决策机制反应快速的企业，通过数字化技术手段，结合线下调查，设计新的数字化营销触达窗口和匹配政策，反向推动商品采购招商部门，优化相关渠道资源，形成更有效的服务营销方法。

1.1.4 商品与事务

1. 商品

商品是为了销售而组织的实物产品，在商业场所，有时候将可以销售的服务项目也称为商品。多数情况下，将实物商品和服务项目统称为服务产品。

如果不是为了销售、交易生产的产品，仅供自己消费，则不是商品。

商品有两个基本特点：一个是满足人某种需要，即“使用价值”；另一个是具有与其他商品交换的属性，即交换价值，简称为“价值”，这种价值与耗费的劳动时间有直接关系，当生产效率提高时，价值相对下降，甚至在一定条件下会被技术工具替代。

商品的存在形态有三种或者三个阶段。

一是生产加工状态，比如常见的店铺加工的点心、饮料、食品。

二是流通转移状态，比如快递配送过程中的商品或者服务项目。

三是交付消费状态，如约支付货币以后，商品转入消费状态。

可以从商业立场跟踪分析商品的盈利程度，也可以从科学立场解读分析商品内在结构和发展趋势，为持续改进经营、避免同质化价格战，提供有效的支持。

2. 店铺商品管理的主要任务

一是确定店铺商品管理含义，从商品转入店铺库存开始，到上架销售或者退换货结束。对于商品招商、采购、选品、组合，是通过商品专业部门完成。

二是进货查验、库存维护、架存盘点，通过商管系统或者合作伙伴的商管系统完成，有条件的商业设施，可以和合作伙伴协商、分享商品物流供给数据，监督商品周转、退换货、货损等动态质量和安全性指标。

三是销售动态识别和管理，主要通过 POS（Point of Sale System）实现，将动态时点的商品销售数据汇总、分析、上报，也称为销售时点管理系统。主要包括输入销售时商品信息的收银机、读取商品信息的条码、汇总分析数据的数据库、连接零售及合作方等各终端窗口的网络等，跟踪商品销售指标完成率。

四是日常店铺巡回维护检查，对照库存系统数据，抽查或者全数盘点架存商品的更新动态、价格执行质量等，监督和维护店铺商品鲜度，必要时向合作方提交函件，督促商品更新。

五是监督评价商品组合鲜度和性价比，利用网络或者样本调查，将商品信息和顾客消费分析对照，监督评价合作伙伴商品或者品牌结构更新的适合程度，提出改进建议，提高供应链效率和服务质量；同时，预测细分客群的消费动态，提高转化率和绩效质量。

（1）与商品销售有关的运营项目操作。

一是商品的配置规划建议；

二是根据 POS 数据，提出商品补货分析需求；

三是针对季节商品的畅、滞销情况的分析需求；

四是根据客户调查和 POS 分析，提出新品分配需求；

五是提出商品结构、库存有效控制的方法并执行；

六是提出完善商品管理档案的建议，并有效分享、利用。

（2）在商管软件操作方面所涉及的运营操作项目。

一是识别和熟练利用系统基本功能模块；

二是管理商品分析表单并作出有效分析报告；

三是利用系统提出补货需求并填写反馈建议；

四是跟踪不同品类、单品的销售业绩，提出补充新品或者退货等建议，并能够熟练操作系统流程；

五是熟练操作促销流程、资金回收检查反馈流程、清退商户商品操作流程等。

（3）商品运营质量管理原则。

一是适品，适当的款式货品，根据店铺所在区域的定位、目标客群关联消费的特征，选择和组合适当的款型、色彩、素材以及鲜度的商品；

二是适时，结合季节、促销季、节假日等主题，和目标客群消费高峰时段结合，进行陈列布局，让顾客在最需要的时段，看到最想看的商品；

三是适量，即适当的数量，根据不同促销时段的特点和目标客群数量，适当配备品类及单品的数量，做好补货准备，适时满足需求，减少积压；

四是适价，即合理的价格，根据目标顾客购买的经验数据，确定适当的价格带和促销政策，将适当的价格商品及时展现在卖场，做到货真价实；

五是适所，即合适的店铺、渠道，将商品提供到店铺或网络渠道规划的位置，具体做好展示台架、货架陈列排面的规划和维护，搭配关联品类主题商品，构成鲜活的动态。

3. 商业事务

商业事务即商业场所的事务，是为了提高服务价值所办理的事情以及策划的服务项目，是商品交易组成部分，有一部分可以直接交易。

真正契约化店铺场所，员工岗位行为都是为经营效益而工作，所从事的事务可以转化为经营效益，因此可以称为延伸的商品，特别是专门策划的事务性项目，可以直接交易，比如店铺服装专柜提供衣柜功能规划及整理收纳解决方案。有的主题活动，可以直接带来客流，间接增加交易频次。

随着网络化和生活方式更新，顾客购买的对象不再局限于实物商品，而是不断拓展延伸，从实物消费向事务消费转变，从简单物理商品消费向社会文化消费升级。

过去，这些事务性做法是辅助性营销或者探索，货架与商品一直是关注重点；今后，将逐渐转变为必要的消费内容，与实物商品匹配，构建全新的店铺风格，从辅助顾客新生活方式价值角度，提高顾客特性化需求的符合度，构成店铺特有的聚客理由，告别传统单一的货架式营销，从传统卖场升级为生活服务中心。

顾客消费的事务，大体有以下四个拓展维度。

（1）在售商品功能的创意延伸，比如体育装备设施经营区附加一个虚拟体验屏幕；食品调料经营区域附加餐台、冰箱，提供顾客整理组合、演示加工；商品附加设计或印制顾客自己的特定图案、文字，形成定制化 Logo，加深消费印象、传播店铺故事，既是游戏，也是体验尝试，满足顾客的社交互动愿望。

（2）利用店铺空间策划故事，包括预留空间休憩座席，用看板传递一个背书故事，引发顾客感慨和情绪互动；空中悬挂一组主题故事，比如仙女飞升、哈利·波特漫游、儿童节气球游动灯谜等，还可以设计商品悬挂陈列主题，摆动、旋转，参与灯光和音乐互动，造成商品应用的实体场景气氛。

（3）策划媒体平台或剧场发散效应，可以将网络热销品引入线下实体店，做演示、互动，传播口碑，引发客流；可以采用一组主题商品表演特定年代或特定场景下的生活故事，诱导顾客联想消费；可以在楼层或者匹配区域确定快闪品牌表演区域，用新奇的国际化品牌故事，增添生活新魅力，以展促销。

（4）搭建场景，承担或传播社会责任。企业担当社会责任是当代国际社会的普遍要求，主要包括三个维度寻求发展。

一则指人力用工与健康维护，招聘公示、员工劳动保护、就业相关问题解决和权益保障、员工满意度，通过开辟新的渠道，充分吸收就业，让更多的人通过企业平台发挥价值。

二则指生态环境保护，包括水电气资源消耗控制、低碳绿色可持续运营指标建立及管理、垃圾分类排放及回收等循环经营、顾客满意管理、经营风险识别及控制。

三则内控及社会化支援，包括社区文化互动以及专题项目共建、组织或参与社会公益活动、宣传或者参与社会公益项目捐助等。

1.1.5 法律法规与标准化

1. 法律法规常识

店铺运营要严格遵照国家法律法规执行，做合规合法的表率。比如同消防部门合作，利用密室逃生游戏设施讲解《中华人民共和国消防法》，利用视频远程讲解、加工场所实地走访等形式讲解《中华人民共和国产品质量法》《商品条码管理办法》《中华人民共和国食品安全法》等法律法规，通过实际消费案例讲解传播《中华人民共和国消费者权益保护法》《食品添加剂生产监督管理规定》等法律法规，将店铺转化为社会文化传播、宣讲的大课堂。

（1）《中华人民共和国民法典》

立法目的：保护民事主体的合法权益，调整民事关系，维护社会和经济秩序，适应中国特色社会主义发展要求，弘扬社会主义核心价值观。

《中华人民共和国民法典》于 2021 年 1 月 1 日起实施。

当事人订立合同，可以采取要约、承诺方式或者其他方式。

合同的内容（第四百七十条）由当事人约定，一般包括下列条款：

第一，当事人的姓名或者名称和住所；

第二，标的；

第三，数量；

第四，质量；

第五，价款或者报酬；

第六，履行期限、地点和方式；

第七，违约责任；

第八，解决争议的方法。

要约，是希望与他人订立合同的意思表示，应当符合下列条件：

第一，内容具体确定；

第二，表明经受要约人承诺，要约人即受该意思表示约束。

当事人采用合同书形式订立合同的，自当事人均签名、盖章或者按指印时合同成立。在签名、盖章或者按指印之前，当事人一方已经履行主要义务，对方接受时，该合同成立。

租赁合同（第十四章），是出租人将租赁物交付承租人使用、收益，承租人支付租金的合同。内容包括租赁物的名称、数量、用途、租赁期限、租金及其支付期限和方式、租赁物维修等条款。租赁期限不得超过二十年。超过二十年的，超过部分无效。租赁期限届满，当事人可以续订租赁合同；但是，约定的租赁期限自续订之日起不得超过二十年。当事人未依照法律、行政法规规定办理租赁合同登记备案手续的，不影响合同的效力。租赁期限六个月以上的，应当采用书面形式。当事人未采用书面形式，无法确定租赁期限的，视为不定期租赁。

保管合同（第二十一章），是保管人保管寄存人交付的保管物，并返还该物的合同。寄存人到保管人处从事购物、就餐、住宿等活动，将物品存放在指定场所的，视为保管，但是当事人另有约定或者另有交易习惯的除外。

寄存人应当按照约定向保管人支付保管费。当事人对保管费没有约定或者约定不明确，视为无偿保管。

寄存人交付的保管物有瑕疵或者根据保管物的性质需要采取特殊保管措施的，寄存人应当将有关情况告知保管人。寄存人未告知，致使保管物受损失的，保管人不承担赔偿责任；保管人因此受损失的，除保管人知道或者应当知道且未采取补救措施外，寄存人应当承担赔偿责任。

仓储合同（第二十二章），是保管人储存存货人交付的仓储物，存货人支付仓储费的合同。储存易燃、易爆、有毒、有腐蚀性、有放射性等危险物品或者易变质物品的，存货人应当说明该物品的性质，提供有关资料。存货人违反前款规定的，保管人可以拒收仓储物，也可以采取相应措施以避免损失的发生，因此产生的费用由存货人负担。保管人储存易燃、易爆、有毒、有腐蚀性、有放射性等危险物品的，应当具备相应的保管条件。

存货人交付仓储物的，保管人应当出具仓单、入库单等凭证。保管人应当在仓单上签名或者盖章。仓单包括下列事项：

第一，存货人的姓名或者名称和住所；

第二，仓储物的品种、数量、质量、包装及其件数和标记；

第三，仓储物的损耗标准；

第四，储存场所；

第五，储存期限；

第六，仓储费；

第七，仓储物已经办理保险的，其保险金额、期间以及保险人的名称；

第八，填发人、填发地和填发日期。

（2）《中华人民共和国劳动合同法》

立法目的：完善劳动合同制度，明确劳动合同双方当事人的权利和义务，保护劳动者的合法权益，构建和发展和谐稳定的劳动关系。

①劳动合同的订立

第一，用人单位自用工之日起即与劳动者建立劳动关系。

第二，用人单位招用劳动者时，应当如实告知劳动者工作内容、工作条件、工作地点、职业危害、安全生产状况、劳动报酬以及劳动者要求了解的其他情况；用人单位有权了解劳动者与劳动合同直接相关的基本情况，劳动者应当如实说明。

第三，用人单位招用劳动者，不得扣押劳动者的居民身份证和其他证件，不得要求劳动者提供担保或者以其他名义向劳动者收取财物。

第四，建立劳动关系，应当订立书面劳动合同。已建立劳动关系，未同时订立书面劳动合同的，应当自用工之日起一个月内订立书面劳动合同。用人单位与劳动者在用工前订立劳动合同的，劳动关系自用工之日起建立。

第五，用人单位未在用工的同时订立书面劳动合同，与劳动者约定的劳动报酬不明确的，新招用的劳动者的劳动报酬按照集体合同规定的标准执行；没有集体合同或者集体合同未规定的，实行同工同酬。

第六，劳动合同由用人单位与劳动者协商一致，并经用人单位与劳动者在劳动合同文本上签字或者盖章生效。劳动合同文本由用人单位和劳动者各执一份。

第七，劳动合同应当具备以下条款：用人单位的名称、住所和法定代表人或者主要负责人；劳动者的姓名、住址和居民身份证或者其他有效身份证件号码；劳动合同期限；工作内容和工作地点；工作时间和休息休假；劳动报酬；社会保险；劳动保护、劳动条件和职业危害防护；法律、法规规定应当纳入劳动合同的其他事项。劳动合同除前款规定的必备条款外，用人单位与劳动者可以约定试用期、培训、保守秘密、补充保险和福利待遇等其他事项。

第八，劳动合同期限三个月以上不满一年的，试用期不得超过一个月；劳动合同期限一年以上不满三年的，试用期不得超过二个月；三年以上固定期限和无固定期限的劳动合同，试用期不得超过六个月。同一用人单位与同一劳动者只能约定一次试用期。以完成一定工作任务为期限的劳动合同或者劳动合同期限不满三个月的，不得约定试用期。试用期包含在劳动合同期限内。劳动合同仅约定试用期的，试用期不成立，该期限为劳动合同期限。

第九，劳动者在试用期的工资不得低于本单位相同岗位最低档工资或者劳动合同约定工资的百分之八十，并不得低于用人单位所在地的最低工资标准。

第十，在试用期中，本法律规定的特殊情形外，用人单位不得解除劳动合同。特殊情形是指：在试用期间被证明不符合录用条件；严重违反用人单位规章制度；严重失职、营私舞弊，给用人单位造成重大损失；劳动者同时与其他用人单位建立劳动关系，对完成本单位工作任务造成严重影响，或者经用人单位提出拒不改正；以欺诈、胁迫手段或乘人之危，使对方在违背真实意思情况下订立或变更劳动合同的；被依法追究刑事责任的；劳动者患病或者非因工负伤，在规定的医疗期满后不能从事原工作，也不能从事由用人单位另行安排的工作的；劳动者不能胜任工作，经过培训或者调整工作岗位，仍不能胜任工作。用人单位在试用期解除劳动合同的，应当向劳动者说明理由。

第十一，用人单位为劳动者提供专项培训费用，对其进行专业技术培训的，可以与该劳动者订立协议，约定服务期。劳动者违反服务期约定的，应当按照约定向用人单位支付违约金。违约金的数额不得超过用人单位提供的培训费用。用人单位要求劳动者支付的违约金不得超过服务期尚未履行部分所应分摊的培训费用。用人单位与劳动者约定服务期的，不影响按照正常的工资调整机制提高劳动者在服务期期间的劳动报酬。

第十二，下列劳动合同无效或者部分无效：以欺诈、胁迫的手段或者乘人之危，使对方在违背真实意思的情况下订立或者变更劳动合同的；用人单位免除自己的法定责任、排除劳动者权利的；违反法律、行政法规强制性规定的。

第十三，对劳动合同的无效或者部分无效有争议的，由劳动争议仲裁机构或者人民法院确认。

第十四，劳动合同部分无效，不影响其他部分效力的，其他部分仍然有效。

第十五，劳动合同被确认无效，劳动者已付出劳动的，用人单位应当向劳动者支付劳动报酬。劳动报酬的数额，参照本单位相同或者相近岗位劳动者的劳动报酬确定。

②劳动合同的履行和变更

第一，用人单位应当按照劳动合同约定和国家规定，向劳动者及时足额支付劳动报酬。用人单位拖欠或者未足额支付劳动报酬的，劳动者可以依法向当地人民法院申请支付令，人民法院应当依法发出支付令。

第二，用人单位应当严格执行劳动定额标准，不得强迫或者变相强迫劳动者加班。用人单位安排加班的，应当按照国家有关规定向劳动者支付加班费。

第三，劳动者拒绝用人单位管理人员违章指挥、强令冒险作业的，不视为违反劳动合同。劳动者对危害生命安全和身体健康的劳动条件，有权对用人单位提出批评、检举和控告。

第四，用人单位变更名称、法定代表人、主要负责人或者投资人等事项，不影响劳动合同的履行。

第五，用人单位发生合并或者分立等情况，原劳动合同继续有效，劳动合同由承继其权利和义务的用人单位继续履行。

第六，用人单位与劳动者协商一致，可以变更劳动合同约定的内容。

③劳动合同的解除和终止

第一，用人单位与劳动者协商一致，可以解除劳动合同。

第二，劳动者提前三十日以书面形式通知用人单位，可以解除劳动合同。劳动者在试用期内提前三日通知用人单位，可以解除劳动合同。

第三，用人单位有下列情形之一的，劳动者可以单方解除劳动合同：未按照劳动合同约定提供劳动保护或者劳动条件的；未及时足额支付劳动报酬的；未依法为劳动者缴纳社会保险费的；用人单位的规章制度违反法律、法规的规定，损害劳动者权益的；以欺诈、胁迫的手段或者乘人之危，使对方在违背真实意思的情况下订立或者变更劳动合同，致使劳动合同无效的；法律、行政法规规定劳动者可以解除劳动合同的其他情形。用人单位以暴力、威胁或者非法限制人身自由的手段强迫劳动者劳动的，或者用人单位违章指挥、强令冒险作业危及劳动者人身安全的，劳动者可以立即解除劳动合同，不需事先告知用人单位。

第四，劳动者有下列情形之一的，用人单位可以单方解除劳动合同：在试用期间被证明不符合录用条件的；严重违反用人单位的规章制度的；严重失职，营私舞弊，给用人单位造成重大损害的；劳动者同时与其他用人单位建立劳动关系，对完成本单位的工作任务造成严重影响，或者经用人单位提出，拒不改正的；以欺诈、胁迫的手段或者乘人之危，使对方在违背真实意思的情况下订立或者变更劳动合同，致使劳动合同无效的；被依法追究刑事责任的。

第五，有下列情形之一的，用人单位提前三十日以书面形式通知劳动者本人或者额外支付劳动者一个月工资后，可以解除劳动合同：劳动者患病或者非因工负伤，在规定的医疗期满后不能从事原工作，也不能从事由用人单位另行安排的工作的；劳动者不能胜任工作，经过培训或者调整工作岗位，仍不能胜任工作的；劳动合同订立时所依据的客观情况发生重大变化，致使劳动合同无法履行，经用人单位与劳动者协商，未能就变更劳动合同内容达成协议的。

第六，劳动者有下列情形之一的，用人单位不得解除劳动合同：从事接触职业病危害作业的劳动者未进行离岗前职业健康检查，或者疑似职业病病人在诊断或者医学观察期间的；在本单位患职业病或者因工负伤并被确认丧失或者部分丧失劳动能力的；患病或者非因工负伤，在规定的医疗期内的；女职工在孕期、产期、哺乳期的；在本单位连续工作满十五年，且距法定退休年龄不足五年的；法律、行政法规规定的其他情形。

第七，有下列情形之一的，劳动合同终止：劳动合同期满的；劳动者开始依法享受基本养老保险待遇的；劳动者死亡，或者被人民法院宣告死亡或者宣告失踪的；用人单位被依法宣告破产的；用人单位被吊销营业执照、责令关闭、撤销或者用人单位决定提前解散的；法律、行政法规规定的其他情形。

第八，用人单位应当在解除或者终止劳动合同时出具解除或者终止劳动合同的证明，并在十五日内为劳动者办理档案和社会保险关系转移手续。

④特别规定

第一，非全日制用工，是指以小时计酬为主，劳动者在同一用人单位一般平均每日工作时间不超过四小时，每周工作时间累计不超过二十四小时的用工形式。

第二，非全日制用工双方当事人可以订立口头协议。从事非全日制用工的劳动者可以与一个或者一个以上用人单位订立劳动合同；但是，后订立的劳动合同不得影响先订立的劳动合同的履行。

第三，非全日制用工双方当事人不得约定试用期。

第四，非全日制用工双方当事人任何一方都可以随时通知对方终止用工。终止用工，用人单位不向劳动者支付经济补偿。

第五，非全日制用工小时计酬标准不得低于用人单位所在地人民政府规定的最低小时工资标准。非全日制用工劳动报酬结算支付周期最长不得超过十五日。

⑤法律责任

第一，用人单位自用工之日起超过一个月不满一年未与劳动者订立书面劳动合同的，应当向劳动者每月支付二倍的工资。

第二，用人单位违反本法规定，扣押劳动者居民身份证等证件的，由劳动行政部门责令限期退还劳动者本人，并依照有关法律规定给予处罚。用人单位违反本法规定，以担保或者其他名义向劳动者收取财物的，由劳动行政部门责令限期退还劳动者本人，并以每人五百元以上二千元以下的标准处以罚款；给劳动者造成损害的，应当承担赔偿责任。劳动者依法解除或者终止劳动合同，用人单位扣押劳动者档案或者其他物品的，依照前款规定处罚。

第三，用人单位有下列情形之一的，由劳动行政部门责令限期支付劳动报酬、加班费或者经济补偿；劳动报酬低于当地最低工资标准的，应当支付其差额部分；逾期不支付的，责令用人单位按应付金额百分之五十以上百分之一百以下的标准向劳动者加付赔偿金。未按照劳动合同的约定或者国家规定及时足额支付劳动者劳动报酬的；低于当地最低工资标准支付劳动者工资的；安排加班不支付加班费的；解除或者终止劳动合同，未依照本法规定向劳动者支付经济补偿的。

第四，劳动者违反本法规定解除劳动合同，或者违反劳动合同中约定的保密义务或者竞业限制，给用人单位造成损失的，应当承担赔偿责任。

（3）《中华人民共和国反不正当竞争法》

立法目的：保障经济健康发展，鼓励和保护公平竞争，制止不正当竞争，保护经营者和消费者的合法权益。规范的主要对象是典型的不正当竞争行为和部分限制竞争行为。在制止不正当竞争行为过程中，发生在监督管理机构与经营者之间、经营者相互之间以及经营者与消费者之间的社会关系。

第八条　经营者不得对其商品的性能、功能、质量、销售状况、用户评价、曾获荣誉等作虚假或者引人误解的商业宣传，欺骗、误导消费者。

经营者不得通过组织虚假交易等方式，帮助其他经营者进行虚假或者引人误解的商业宣传。

第十条　经营者进行有奖销售不得存在下列情形：

所设奖的种类、兑奖条件、奖金金额或者奖品等有奖销售信息不明确，影响兑奖；

采用谎称有奖或者故意让内定人员中奖的欺骗方式进行有奖销售；

抽奖式的有奖销售，最高奖的金额超过五万元。

上述引用内容与店铺日常运营关系较密切，此外，不得违反综合商业设施正常经营秩序，到其他租赁专门店内部或者门口发放宣传品、菜单，吸引拉拢顾客。

（4）《中华人民共和国消费者权益保护法》

立法目的：调整在保护消费者权益过程中，发生的经济关系的法律规范。消费者为生活消费需要而购买、使用商品或接受服务，其权益受《中华人民共和国消费者权益保护法》

的保护。经营者为消费者提供其生产、销售的商品或者服务产品，其行为受《中华人民共和国消费者权益保护法》的规范。鉴于我国具体情况，农民购买、使用直接用于农业生产的各种生产资料的生产性消费活动，也受《中华人民共和国消费者权益保护法》的保护。

消费者协会的权利：

第一，向消费者提供消费信息和咨询服务，提高消费者维护自身合法权益的能力，引导文明、健康、节约资源和保护环境的消费方式；

第二，参与制定有关消费者权益的法律、法规、规章和强制性标准；

第三，参与有关行政部门对商品和服务的监督、检查；

第四，就有关消费者合法权益的问题，向有关部门反映、查询，提出建议；

第五，受理消费者的投诉，并对投诉事项进行调查、调解；

第六，投诉事项涉及商品和服务质量问题的，可以委托具备资格的鉴定人鉴定，鉴定人应当告知鉴定意见；

第七，就损害消费者合法权益的行为，支持受损害的消费者提起诉讼或者依照本法提起诉讼；

第八，对损害消费者合法权益的行为，通过大众传播媒介予以揭露、批评。

2. 标准化常识

（1）国际标准化机构

国际标准化机构是于 1947 年建立的非政府组织，总部位于瑞士日内瓦，成员有 167 个组织及地区。国际标准化机构负责产业及相关行业质量与环境、安全等标准化建设和管理，简称为 ISO，源于希腊语 isos，意为“相等”，英语全称为 International Organization for Standardization。

该组织的目的或使命是，帮助世界各国之间产品和服务交易，促进标准化活动的发展，促进各国在智力、科学、技术和经济活动中的协同合作。

常用的标准体系包括以下几种。

① ISO 9001：2015 质量管理体系，是以提高顾客满意度为目的，持续向顾客提供满意质量的产品和服务的标准体系。

② ISO 14001：2015 环境管理体系，是表明组织为了保护环境、可持续发展的环境

标准体系。

③ ISO/IEC 20000-1 IT 服务管理体系，是在提供 IT 服务的企业和团体中，明确 IT 服务的内容和风险，持续管理、有效率、改善服务的标准体系。

④ ISO 22000 食品安全管理体系，是减少食品相关事故的风险，建设规范的食品安全管理的标准体系。

⑤ ISO/IEC 27001：2022 信息技术—安全技术—信息安全管理体系—要求，是建立信息安全管理系统，持续改善信息安全的标准体系。

（2）国际三大质量奖

一是日本戴明质量奖，是世界最早创立的国家级质量奖，在全世界范围内具有很大影响，1951 年，为纪念美国人威廉·爱德华·戴明博士到日本传播质量管理思想及方法而设，该奖由日本科学技术联盟负责，2012 年变更为“日本质量管理奖”。美国提出的局部综合质量管理（TQC），成为日本质量管理活动的特征，发展为企业整体系统优化的质量管理（TQM）思想，与最基础的质量管理（QC）小组活动协同一致，受到欧美经济管理领域的普遍关注。

二是美国质量奖（波多里奇奖），1987 年创设。评价工具简称为卓越绩效模式（Performance Excellence Model）。主要项目包括领导、战略、顾客和市场、测量分析改进、人力资源、过程管理、经营结果等七部分。该标准在质量合规性，或者叫质量标准差异控制管理的基础上，转而关注创新价值的程度竞争，奖励卓越突出者，同时提供系统化评价方法。

三是欧洲质量奖（EFQM），是欧洲著名的质量管理组织奖，由欧洲质量基金组织于 1992 年创设，每年评选一次。该奖项偏向质量指标管理和质量标准对接，在欧盟各国之间便于衔接执行，便于企业自我改进纠偏。该奖包括 9 个原则，其中 5 个是引导建议性做法，4 个是达到的具体结果目标。该奖强调领导力，即在有力的领导项下，战略决策通过人际合作、资源及流程运营，才能够得到预期结果。

（3）中国标准化体系

中国的标准化体系分为国家标准、行业标准、地方标准、团体标准、企业标准，同时将标准分为强制性标准和推荐性标准两类，体现出不同的权威程度。

强制性国家标准代码是 GB，相关方必须执行；推荐性国家标准代码是 GB/T；国家标准指导性技术文件代码是 GB/Z，仅供参考。

中国引进卓越绩效管理体系，国家标准《卓越绩效评价准则》（GB/T 19580—2004）于 2004 年 9 月正式发布，标志着我国质量管理进入了新的阶段。

中国国家质量奖，2013 年创设颁奖，原则上，每两年评选一次。

1.2 编写目的

1.2.1 规范店长岗位技能职责

1. 明确店长岗位价值

店长岗位是商业活动中最典型的标志化岗位，代表企业品牌跨区域市场拓展能力，展现企业的服务营销诚信质量，标志着企业团队纵向、横向合作标准规范程度。

2. 明确店长岗位任务

在部分商业企业中，对店长岗位的认定和任务分配差距很大，有的只是代理执行的班长，有的则具有较多的授权，有的则是决策团队成员，直接参与决策。岗位任务划分不清楚，让人感觉店长的岗位形象比较模糊。

从顾客角度看，在接触店铺服务过程中，店长应该有一定授权，能主张卖什么，能亲自卖货，能接待沟通，能控制管理，能协调社区关系，如果店长毫无权限，什么问题也解决不了，顾客会感觉来到这个店消费欠妥，缺乏消费安全和信任。

3. 鼓励店长岗位成长

从店长群体本身成长看，有必要达成一些共识，规范店长岗位的基本技能和相应的职责权力，在负责执行的同时，赋予相当管理权限，并做到相对标准化，让店长群体看到成长空间，对未来发展报以期望。

1.2.2 引领和提升行业服务质量

1. 规范行业管理

商贸服务业涉及诸多分业态、业种，大家日常利用较多的零售、餐饮、美容美发等店铺比较熟悉，印象比较清楚，但是对于一些利用率较低的服务类店铺，例如茶艺工坊、教养及健康类，对其管理方式不熟悉，通过规范店长岗位，引导这些服务类店铺管理走向规范。

2. 确定方向、逐渐细化

由于服务行业细分业态业种的多样化，对店长岗位的任务的描述和操作方法难以逐一细分到位，重点在于确定工作方向和模块，相关业态、业种的管理者可以参照，具体细化、展开。比如服装专卖店讲究店铺的“脸”，即主题展示点的策划和维护，洗染、修理类店铺的“脸”，怎么定义、怎么呈现？需要相关管理者具体展开。

3. 提升店铺服务质量

规范店长岗位技能和相应的权限范围，清晰传达店长职业角色形象，可以更好地保障店长行使权力，激励店长主动做事的动力，带动团队的工作活力，引领团队提升技能，提高业绩，相应地改善服务顾客的方法，提高店铺服务质量，总体提升服务行业的服务形象。

1.2.3 带动相关行业岗位就业

1. 创造就业机会

商贸服务业是最基础的社区生活陪伴项目，创新机会多，可以带来大量就业机会，由于技能要求差异很大，因此，具有很高的劳动就业兼容性。

2. 带动相关行业就业

店长岗位要求执行和管理兼顾，不会操作执行的，很难管理一个特色店铺，而且店长要接触行业渠道、现场加工、店铺场景，还要带团队、维护安全运营，要求具有较全面的素养，因此，经过店长岗位训练，可以在相关行业中尝试就业成长。

3. 带动店铺员工进步

从社会生态健康持续发展的需求看，对店长岗位的技能和基本任务的规范约定，可以在店铺其他岗位员工中、在相关社会就业群体中建立就业标杆，引发基层岗位晋级成长和规划新的职业目标的动力，引领新入职青年及在职员工技能成长。

1.3 岗位技能结构

1.3.1 技能等级

按照中国商业联合会相关规范文件，对店长岗位技能水平做等级划分，确定为初级店长、中级店长和高级店长三个级别。

1. 初级店长

初级店长相当于店中店的专柜店长、小型加盟店或者连锁店的店长、店长后备见习生等初步涉入店长岗位的人员。

岗位主要特点是执行总部或者上级机构分配的工作，按照布置的质量目标检查日常工作，完成预定工作。

2. 中级店长

中级店长相当于小型独立店、商业设施中较大型租赁店、中大型连锁店、加盟店，垂直管理的大型独立店等具备一定岗位经验和能力的人员。

岗位主要特点是执行总部计划和上级部署目标任务，具备一定权限，组织策划服务营销主题活动、在授权范围内采购、招商、组织服务项目，完善改进绩效考核方案，与企业内部相关方合作，策划专题营销。可以独立策划设计检查监督方案，打造或提升店铺特性化服务营销项目，有特性地完成预定目标任务。

3. 高级店长

高级店长相当于独立运营的中小型独立店、中大型独立店、综合商业设施中主力店、相对独立的中大型连锁店、加盟店等具备突出岗位经验和运营能力、敢于担当、追求卓越的人员。

岗位主要特点是参与总部决策，执行总部计划和上级部署目标任务，具备较充分的话语权，可以独立组织策划服务营销主题活动、在授权范围内组织需求调查预测、采购与招商、创新服务项目，完善改进绩效考核方案，与渠道相关方合作，组织创新营销。可以独立策划设计检查监督方案，打造或提升店铺特性化服务营销项目，有特性地完成预定目标任务。

1.3.2 技能模块

店长岗位的基本技能任务分为七个模块，或者叫作七部分，分别是分析确定需求、监督现场运营、推广营销方案、维护客户关系、提升人力绩效、执行财务规定、促进融合发展。

对应三个级别，要完成的岗位任务的侧重点有所不同，如表 1–2 所示，维护店铺安全运营、带领团队有效合作是贯穿性基础要求。

表 1–2　店长技能分级展开对应表

项目	初级店长	中级店长	高级店长
分析确定需求	组织调查需求、分析汇总；提炼需求信息并上报	策划调查方案，撰写总结；提出改进需求并落实	归纳需求类型，提出并落实服务产品调改方案
监督现场运营	参与开店、识别检查服务产品落位；识别需求结构，分析作业记录，跟进服务落实；监督检查问题改进	提出布局及服务产品规划、升级需求；执行运营规定；分解指标任务；控制质量标准；评选标兵	制订人货场运营方案；制定、分解指标；制定质量指标；评价、改进质量指标；制定标杆培养方法
推广营销方案	识别全渠道营销方案，执行价格政策，汇总营销结果	提出新方法、改进服务方案；评价营销结果，编制营销建议	制订创新性营销方案；制定服务营销评价方法并监督落实
维护客户关系	设计服务项目，按流程执行；提供个性服务方法；解决一般服务问题	执行、改进服务项目；策划服务方案；执行应急预案	建立维护改进方法；制定评价及改进方法；解决突发事件

续表

项目	初级店长	中级店长	高级店长
提升人力绩效	确定岗位任务并分工执行；协助执行绩效考核；组织团建，提高活力	执行定岗定编方案；制订培训方案；编制考核及评价方法	策划岗位职责；制订并监督培训方案落实；策划绩效考核
执行财务规定	监督执行收银作业；执行财务管理政策；执行财物及服务产品盘点	监督执行收银政策；编制预算；监督盘点日常；维护财务安全；平衡收支	提出全渠道收银改进方法；编制运营预算；平衡收支
促进融合发展	识别、分析相关数据；执行供应链合作政策；执行门店调改、拓展；激励相关方员工成长；制定相关方协作方法	策划数据分析方法；提出渠道评价方法；提供即时配送方法；编制复合调改方案；督导初级店长培训	制定数字化运营方法并监督实施；改进供应链协作；提出融合拓展方法；督导中级店长培训

1.3.3 三级岗位任务的结构关系

初、中、高三级岗位级别，根据业态及授权特点，对岗位任务确定不同的侧重点。

1. 初级店长侧重运营执行

具体按照顺序和流程做事情，比如发放问卷、统计数据、操作工具等。在执行中兼顾日常检查记录、员工出勤及身心健康状态记录、店铺运营安全检查操作记录等。在综合商业体中，做一个合格的专柜店长，首先是优秀的执行者、服务营销能手，做团队员工服务营销的表率，在此基础上，善于维护班组团队协作和团结，提高业绩，维护企业利益。

2. 中级店长侧重运营管理

维护日常运营秩序和有关方面的协调。有明确的控制损耗的方法，注重店铺运营管理效率和营销业绩达成率，督促运营系统检查记录和真实性，维护员工健康和店铺安全，策划设计员工招聘、培训、在职成长指导方案，能策划组织初级店长培训，促进服务营销质量稳定提升，不断创新服务营销方法，主动解决日常遇到的各种问题，推动责任专柜、店铺及企业整体发展。

3. 高级店长侧重战略策划

按照公司 3 ~ 5 年规划，策划授权范围内的运营项目、服务产品、业绩达成的具体方法，主动争取有效授权，在约定范围放手给基层班组创造性工作。能有序监督运营效率，维护团队身心健康，确保店铺财物安全，预防风险。能策划组织初级店长、中级店长的培训，策划和预测需求变化研判调查，提出并实施创新方案。

三个级别的任务及授权是相对叠加划分，职责分工边界不是固定不变的，但是有确定的授权和绩效管理级差，显示店长作为专属岗位的职业晋级成长方向。

无论作为规范文本，还是企业转化应用，都应该确定从初级店长到高级店长的岗位权限和任务是递进升级关系。初级店长任务包含在中级店长及高级店长之中、中级店长包含在高级店长之中。

作为特有的规定，中级店长应具备组织和培训初级店长的资质和能力；高级店长在具备组织和培训初级店长、中级店长的资质和能力基础上，还应该具备创新服务营销、树立店铺标杆、充实企业品牌的能力。

1.4 岗位能力要求

1.4.1 综合能力倾向

1. 业务能力

业务能力也叫作基本能力，是作为各种业态店的店长共同具备的能力，大体包括用心担当的责任感、分解落实指标的执行能力、团队身心健康关怀和凝聚能力、相关方合作沟通能力、风险预判和问题解决能力、服务营销数据分析总结能力。

2. 个性素养

具备自觉学习力，能主动学习理解服务、营销、行业法规内容，跟进服务行业发展特点，付诸实际应用。

具备良好的责任感，能主动发现问题，敢于主动担当责任和风险，善于凝聚人心，有热情、有活力。

具备自律的秩序感，遵守社会法规和道德秩序，合规合法处理问题，善于沟通，坚持原则、友情操作。

1.4.2 业态特性能力

1. 业务专长

业务专长也叫作专业个性能力，根据不同服务业态的经营特征，具备相应的个性化技能特长。各类零售店、餐饮店、洗染店、摄影摄像店、美容美发店等分业态的服务技能要求差异很大，所需要的岗位专业知识、服务营销手段，甚至绩效考勤的方法都有很多差异，由此鉴别店长特长。

2. 提炼转化

能够把专业化技能要点提炼整理出来，形成技能训练教材、示范视频，向员工以及同行业传播讲解，将优秀的技能和方法转化为更多的应用成果，带动行业进步。

1.4.3 岗位能力诊断

1. 规范评价

店长的岗位能力结构在不断变化，需要经常开展店长自我评价和外界评价，目的是确保店长岗位规定的任务、个人责任心和能力结构更好地融合，推动岗位价值升级。

主要方法是通过上级主管机构或者邀请第三方机构辅助开展，重点要关注三个维度：一是店长本人想干什么，二是本人能干什么，三是岗位规定应该干什么。

2. 诊断调整

如果店长想干的事情与自己能干的事情、规定的事情都有脱节，则判定为主观意愿转移，不再适合该店长岗位需求，需要调岗。

如果店长想做的事情和能做的事情高度一致，但是和岗位规定应该做的事情不符合，则判定为岗位错配，即大家常说的用错人了，协商讨论，调岗或者纠偏。

如果能做的事情和想做的事情很少，而且愿意做店长的岗位工作，但是岗位规定的应该做的事情很多，而且无法如期完成，则判定能力不够，需要调整下岗，降级学习。以男装导购岗位能力结构为例，如表 1–3 所示。

表 1–3　男装导购岗位能力结构

男装导购岗	能力描述
基本能力	1. 理解并准确传递上级政策，具备良好职业品德。 2. 向顾客传递企业服务理念，用自身言行演示服务规范。 3. 具有良好的合作能力，达到品类及店铺合作沟通需求。 4. 积极参与或者独立策划服务项目，主动追求工作成果。 5. 熟悉男性顾客的购买行为特点，善于与男性顾客沟通
专项能力	1. 服务现场维护、改进商品陈列能力。 2. 商品库存和更新、优化管理。 3. 网络平台操作及商品知识更新学习。 4. 面对购买男性服装的顾客的接待、转化沟通、持续维护。 5. 顾客询问、质疑、争议的协调解决。 6. 店面顾客信息收集、提出建议提案。 7. 对其他员工进行服务协助、指导

1.4.4 职业岗位守则

商贸服务业兼顾民生商业和社会公益责任，需要明确义利结合、踏实做人、诚信做事的基本职业原则。具体分为以下四个方面。

1. 忠于职守，诚信待人

喜欢从事商贸服务行业工作，对店长岗位规定的任务和目标能够认真接受，耐心听取顾客的消费需求和提出的各项疑问，仔细分析、回复，满足顾客需求，传递企业诚信热情、认真负责的社会责任意识。

2. 团结协作，创造业绩

能够积极主动地协调、沟通团队内部的各项事务，发挥每个人的专业特长，凝聚团队力量，积极开展各项工作。努力克服困难，不断提高解决问题效率，完成上级下达的各项任务目标。

3. 遵纪守法，确保安全

能够组织贯彻落实国家、行业及企业发布的法律法规、相关规章制度，监督落实在每一个岗位的执行过程中，确保店铺合规合法运行，确保员工的身心安全，确保店铺财物、各项设备设施、信息的安全有效。

4. 讲究效率，善于创新

主动开展店铺各项运营，不断提高运营效率。根据市场变化，适当减少沟通环节，主动授权给员工，鼓励员工独立面对和解决顾客的有关需求，通过不同渠道和方法创新服务营销，创造新的业绩，树立个人、岗位、店铺业务标杆。

第2章 初级店长要求

2.1 分析确定需求

2.1.1 市场调查

1. 识别需求的含义

识别需求就是调查了解、辨别清楚目标客群的需求特点，特别是对本店铺的具体需求，顾客需求在哪里，商业服务就应该在哪里，所以，调查分析、识别和确认需求，是店铺服务和营销的起点。

从企业整体运营角度看，对市场消费情况的跟踪分析，是商业服务企业进行服务产品策划、改进、创新的起点，也是企业利润源泉，借此促进营销及整体运营的循环。

在实践中，商业企业每年都应该组织市场调查，或者样本调查，或者在线征询，或者预约座谈，如预约一定数量顾客见面访谈，倾听现有顾客代表的意见，了解分析潜在顾客需求的产品，从而让企业的服务产品更有针对性。

2. 了解顾客需求的途径

在日常工作中，可以通过现存数据，或者与顾客聊天，调查了解顾客的需求，主要有以下四个途径。

一是分析现有数据。系统中消费数据、主要客群的自然结构、不同客群消费的热点商品等，交叉分析消费能力和主要消费品类关系，特别要注意顾客多次查询、点击提出需要，店铺无法及时供应的短缺内容。

二是了解周边社区客流在同类店铺之间互动情况。特别是在节假日期间，本店铺客群到哪个店铺去，去购买消费的方式以及消费的内容等。有条件的可以借助数字化手段监测，普通服务店铺可以到邻近同类店铺寻访，也可以寻找熟悉的顾客交谈了解。

三是通过网络或者企业 App，收集了解客群在网络社交平台热议话题，重点是了解本店铺客群在网络上的消费热点话题、购买哪些热点商品。

四是仔细分析本店铺会员消费结构。会员居住区域特点、生活消费偏好、日常消费能力、业余兴趣活动，通过现有数据整理、邀约沙龙座谈等方式，与会员建立深度的沟通机制。会员的反馈，可以更准确地评价店铺现有商品或者服务质量，甚至预测未来消费。

调查信息质量评估，从各种调查效果看，集中定向邀约小组访谈效果最好，其次是主题类样本调查，再次是社区居民访谈、线上开放式征询调查。

3. 需求调查的执行要点

一是分清策划、收集、整理、小结 4 个步骤。成立调查小组阶段，要确定调查的 6 字原则：定时、真实、连续。不能随时随意、不能虚假编造、不能时断时续。

样本数量，中小型店铺，每次 100 ~ 300 份即可，大型店铺可根据主题和调查题目多少，适当增加样本数量，每次不宜多于 1500 份。

问卷管理，由一个人负责监督检查印制，另一人监督发放、回收，独立操作，实施过程中禁止编造数据。

奖品管理，由一人集中管理发放，另一人监督，与问卷一一对应，便于控制成本。

二是收集资料渠道，即调查形式，包括利用服务或者进店的顾客、未到店消费者、网络消费者、智能终端弹窗、社会媒体口碑、员工参加社会活动等。

渠道服务，选择调查渠道，要配备相应服务设备设施，休息座椅、访谈区域等。

渠道预告，不管线上还是线下，都要提前预告，通过看板让顾客了解，表达希望顾客参与的愿望。

三是收集资料，与实施过程同步进行，常用的有影像观察法、文字问卷法、口头访谈法、模拟实验法。从对象选择角度看，有区域普查、抽样调查、典型调查等。

访谈分组，一个组被访问人数 7 ~ 9 人为宜，便于提高互动讨论效率。

访谈过程，使用问话要具体；避免重叠提问；避免暗示；避免刻板提问沟通。

访谈话术，与被调查者相对而坐，位置保持平等，适时地模仿顾客的言行举止，达到潜意识认同，目的是更多地了解顾客不太愿意回答的问题。

调查记录分为两种：自记，即被访者自己按照问题顺序，记录填写；他记，即调查者按照被访者的回答，边问边记录，结束时请被访谈者签名。

四是归类和分析要真实可信。根据调查计划和目的，归类整理资料。归档资料包括调查填答的问卷、访谈记录提纲、运用场景记录、顾客查询、反馈记录、购买商品凭证、电子文件等，撰写分析报告。

如果形式比较简单，可以合并归档，集中存放，编好时间序列号码，便于查询使用。

4. 实施调查的注意点

实施调查主要有以下五个注意点。

一是要建立稳定的调查机制，包括调查方法、调查问卷的结构、时间周期安排、调查访谈结果的公示方法。

二是顾客需求调查要和顾客满意度评价调查相互结合。需求调查为产品组合提供建议，并为顾客满意度评价提供素材；顾客满意度评价是对需求满足程度以及服务产品调改的综合反馈评价，两者相互结合、不可脱节。

三是网络调查，要注意选择的渠道是目标客群比较集中、投放时段是目标客群活动密集时段、选择样本年龄职业相对一致、回收的方法简单可靠、回馈的方法可以触达样本客户。

四是要将真实情况记录下来，反馈给产品选品、招商部门，作为选品、招商以及调改的重要依据，同时要将短期的调查与中长期的战略调整相互结合，形成连续的改进方案。

五是调查结果要公示，可以通过一定渠道或机制在内部公示，选择适当的方式向社会公众或目标会员群体公示，公示的目的是监督自身工作。

5. 微笑沟通的要点

一是保持微笑，微笑是沟通第一要素，要关注微笑沟通的重要性，在不同渠道沟通或接待服务过程中，强调并互相演示微笑沟通的要点。

二是要自然，平视沟通对方，自然坦率，让对方感觉安全、亲切。

三是要亲和，配合直观、热情的寒暄语言，让对方感觉友好和温暖。

四是要真诚，微笑要发自内心、由内而外，嘴部表情带动眼部表情动作，协同统一，避免给人以虚伪做作的印象。

五是微笑可以是无声的，体现为表情动作，如果有出声微笑，声音要轻微。

6. 常用接待礼仪

一是预约与确认。根据计划发出预约访谈的通知，得到顾客接收信息以后，主动通知对方洽谈的时间、地点、通行路线，具体安排议程以及注意事项，如网络连接、停车券使用、饮品、民族风格、工作餐安排等事项，让对方踏实安全、心中有数。要在间隔一段时间以后，再次确认，明确对接人、现场等候区，避免出现客人到场没人认识的现象。

二是会议室的座次。以右边为尊，当洽谈桌一端面对入口时，按入门的方向为尊，来宾坐在右边，东道主坐在左边；当谈判桌横向面对入口时，来宾要面对入口而坐，东道主要背对入口而坐。

落座顺序安排，主宾和主人应坐在中间位置。各自右边第一人为第二位置，左边第一人为第三位置，右边第二人为第四位置，左边第二人为第五位置，依此类推。会议记录员位于来宾的后边落座，翻译员位于东道主的右侧。

三是摆放双方桌签。不同企业对于桌签摆放规则有所差别，应该提前征求意见，达成对等一致的原则。在强调附加价值服务的企业，可能对来宾的桌签、洽谈资料、接待的文具等用品做精心的附加内容设计，点缀艺术品等，需提前沟通。

四是介绍人员的顺序。第一，有同事也有来宾的时候，先介绍同事，然后介绍来宾。第二，有领导也有来宾的时候，先介绍自己的领导，从高级到低级，再介绍来宾领导，或者请对方自己介绍。第三，商务场合请求别人办事的时候，先介绍求人者身份，再介绍被求者身份。总之，先介绍本方，表达自谦的意思。

五是见面和握手。东道主应事先到达谈话地点，在门口或者在约定的位置迎接来宾。双方握手的时候，各自伸出右手，五指并拢，握在一起，时间不宜太长，在握手的时候要微笑，注意对方的面部。在人多的场合不要交叉握手。

相互问候以后，东道主应请来宾首先落座。双方也可以一起入座，但是东道主不能抢先落座。落座以后，除了参与洽谈人员以外，其他服务人员应退出洽谈场所。

以下是“价格感受样本调查”和“便利店选址访谈调查问卷”举例。

价格感受样本调查

调查时间______年____月____日 调查方式______ 调查负责人______ 问卷编号____

您好！请您在符合真实想法的提示语后面填写对应字母。

（a）不是这样想 （b）没太想 （c）不好说 （d）有点想 （e）是这样想的

序号	问题	选择填写对应字母
1	即使价格贵 10%，也要在 A 店铺购买商品	
2	望一次打包多买，平均单件比较便宜	
3	总体上，我还是愿意在甩卖大促销时来购买	
4	到 A 店购物，主要是为了消化赠送的积分	
5	一般是看到网络海报，店外广告的新品来购物	
6	只要价格合适、质量过得去，品牌无所谓	
7	最近半年，到 A 店溜达感觉商品越来越贵了	
8	不太关注价格等优惠条件，主要是喜欢才购物	
其他想说的话：		

便利店选址访谈调查问卷

先生 / 女士您好：

我们是大学生，感谢您抽出时间和我们谈谈您的想法。

您的基本信息

性别 A. 男；B. 女

年龄段 A. 20 ~ 30 岁；B. 31 ~ 40 岁；C. 41 ~ 50 岁；D. 51 ~ 60 岁；E. 61 岁以上

收入范围 A. 4000 元以下；B. 4000 ~ 6000 元；C. 6000 元以上

（除了特别说明，下列选择题均为单选项，请在选项上打“√”）

（1）您一般相隔多久去一次食品超市？

A. 一周两次以上　B. 一月两次以上　C. 一年两次以上

（2）您去超市习惯购买哪一类东西？（多选）

A. 杂货　B. 日常零食　C. 饮料　D. 酒类　E. 生鲜类　F. 现加工食品

（3）您所在的小区，有喜欢的便利店吗？

A. 有　B. 没有

（4）您比较喜欢的便利店品牌是？

A.7-11　B. 罗森　C. 全家　D. 便利峰　E. 京东　F. 其他 ________

（5）您喜欢什么样子小店铺？

A. 干净整洁、服务好；B. 商品独特、新鲜；C. 商品便宜、应季；D. 营业时间长

（6）您去便利店主要是干啥？（可以多选）

A. 买零食　B. 非购物服务　C. 买饮品　D. 买盒饭　E. 冷冻食品　F. 其他 ________

（7）您希望在便利店得到哪些额外服务？（可以多选）

A. 文印类　B. 充值卡　C. 代缴费用　D. 收寄快件　E. 购票　F. 其他

（8）您去便利店，经常是哪个时间段？

A. 早上　B. 中午　C. 傍晚下班　D. 晚上八九点　E. 夜里十点以后

（9）您希望在小区增加便利店吗？

A. 非常希望　B. 希望有好一点便利店　C. 增加也行，没有也行

（10）您认为开小店应该注意改进什么？（可以多选，并排序号）

A. 调低价格　B. 改善环境　C. 改善服务　D. 改善更新商品　E. 其他 ______

（11）您希望便利店增加哪些新式的服务（可以多选）？

A. 全渠道收寄　B. 现加工热食　C. 宅配商品　D. 洗染衣物　E. 预约家访照护

再次谢谢您的合作！

2.1.2 确定需求

1. 稳定调查的维度

（1）要确定调查范围或方向，可以包含本店铺经营的商品品类或者服务项目，在经营产品没有重要变更之前，与本店铺经营、服务较远的消费品变化，作为参考项关注。

（2）通过文件确定调查项目及具体指标，便于形成稳定的参考系，同口径对比调查了解顾客消费的时限动态，包括指定范围的消费单品、消费品组合、客单价、消费频度，特别是关注顾客对本店铺经营项目或服务项目的浏览、利用的变化，形成主题清晰、持续跟踪、可以连续对比的调查机制。

（3）确定调查评价的反馈方法，每一个调查维度主题的策划意图、每一次调查的结果，都要纳入相关经营管理改进的流程，作为问题搜集的一个环节，同时作为推动实际工作的根据，如果调查没有积极反馈，没有转化为实际工作内容，就完全失去意义。

2. 确定分析的工具

一是通过讨论协商，确定调查使用的计算公式、输出呈现图样、表单格式模板。普通专柜店铺的需求调查可以采用简单的分析方法，让基层人员看得懂，可以独立操作。

确定分析工具要注意两点：①要适合本店铺特点，确定简单易行、适合目标分析工具，不仅店长要清楚，而且还要让一线员工普遍可以操作，输出结果容易理解，方便使用。②要尊重调查计算的结果，不可随意改动，如果是分析工具有偏差，应提前设计纠偏系数。

二是结合环境变化，适当调整指标，环境出现非经营性突变事件，店铺受控关系发生重大改变等因素，将不同程度地改变店铺经营战略，包括经营项目及服务项目变更等。因此，调查分析项目和分析工具要及时应变修改，把修改项目指标对原来分析结果的影响程度，在分析结论中标注清楚，作为历史档案记录备查。

3. 确定顾客需求

（1）一般服务类店铺确定顾客需求，有以下三方面含义。

一是明确顾客想要的商品货号、服务项目具体特点，让顾客确认以后，通过人工准备服务项目，商品类则在架存或者网点后台备货，提供给顾客复查、下单。

二是确定某一类型客群的需求特点，转入策划储备阶段，告知商品主管部门，为改进或创新服务内容做准备。

三是确定顾客的某种潜在愿望，经过分析策划，确定为下一步经营发展目标。

（2）从企业店铺或者部门之间合作、跟踪访问顾客、增加复购角度理解，有以下三方面含义。

一是本店铺顾客频繁购买、使用较多的商品或服务项目，准确记录热销种类单品、编号、价格、素材、功能特色，作为提高营销转化价值的主打经营项目，提高关注度。

二是确定顾客希望本店铺提供而本店铺供应不足或空缺的商品或服务项目，形成可靠的调查分析结论，提出建设性的提案或意见，上报给选品、招商、营销、经营策划等部门，必要时报送给公司决策机构，作为店长提出改造需求的根据。

三是跟踪确认，在提供服务每一个阶段，及时沟通确认，不断通报服务进度，同时探讨顾客需求的潜在愿望，在沟通交谈过程中讨论深化需求，提供可能的服务目录，得到顾客回复确认之后，立即生成服务项目，作为原来需求内容的附加产品。

在美容美发、整理收纳、主题婚庆、定制家宴、家居洗染等综合服务项目中，这种跟踪式服务需求确认，可以产生意想不到的联单消费，是非常重要的服务营销价值点。

持续调查、访谈，确定顾客需求变化，能够为策划经营项目、服务产品奠定基础，也可以说，在一线店铺从事服务营销，确认需求，是进行营销策划的重要前提工作。

2.2 监督现场运营

2.2.1 建立基本运营规则

1. 掌握店铺运营的资源系统

一是掌握店铺运营职能部门的构成、各自主要任务，与此相关的部门人员编制指标、人力成长机制、绩效项目以及考核机制。

二是掌握物业设备设施、网络系统的技术成熟度，包括水、电、气、油、网络、场景环境等所需要的能源成本，相应维护规则。

三是掌握财物、库房、设备设施、物资等库存与运营管理政策、盘点平衡的主要政策规则，维护财物安全的主要法规规定、培训、演练的要求等。

四是掌握店铺所在店中店、社区或路边店等周边合作机构的管理规则、政策法规规定等，包括属地民风、宗教文化习俗，要纳入店铺运营管理的重要议程。

2. 分享合作伙伴资源

一是遵守契约，经营项目或服务项目涉及的合作伙伴的合法经营资质及彼此合作契约，从法律关系上明确彼此合作的边界和协调处理的管辖规定。

二是掌握合作节奏，主要是合作伙伴提供服务的方法、商品或者服务项目的保障机制、合作方供应链管理政策，便于日常运营角度管理，提高营销效率和服务质量。

三是加入或建立共商机制，包括专题沙龙、供应商大会、服务座谈会、年度分享会等，掌握合作伙伴的联络方法、各自公司的主要经营和管理特色、各自资源特色，建立合作分享、共同协商机制，便于开展运营工作，互相促进、共同提升。

3. 召集例会的要点

一是提前确定例会的话题和预设解决的问题，形成工作习惯。

二是要围绕肯定员工、团队，激励团队的基点出发，分析问题，解决问题。

三是常规例会要限定时间，一般中小型店铺例会时间不宜超过 30 分钟，重要事项需要记录。

四是在月度、季度末，可以安排典型员工示范演示，或者主题营销事件互动演示，互相检查，定期表彰标杆员工或班组项目，凝聚团队士气。

五是利用例会，经常强化企业的经营理念和中长期经营方向，提高员工就业安全感，维护和传承企业文化。

2.2.2 执行运营计划

1. 分辨开店或调改方案

一是熟悉店铺定位。包括：产品定位，经营售卖什么商品或服务项目；客群定位，目标客群年龄段、主要居住在哪里、他们的消费能力如何、主要购买方法是什么等；品牌口碑定位，是家常生活用品，还是个性化选择用品，通过什么渠道传播口碑；价值定位，即对于企业、店铺的主要好处是什么，挣钱的理由是什么，对于顾客的好处主要是什么，为什么利用本店的服务。

二是了解开店或调改的依据。为什么开店、为什么要调改，出了什么缺陷或者问题，包括项目环境变化、前景变化、经营项目合作方的变化，周边居住的客群结构变化等。以店中店的专柜店长为例，作为最小的经营执行单元，熟悉上级部门调改店铺的做法，做到知己知彼。

2. 明确运营目标、分解任务

一是明白本店铺店长的岗位任务，如表 2–1 所示。包括：上级下达的目标，分解到各个时段的具体销售任务；需要解决的设备设施、人员、技术等困难；需要持续提升业绩所面临的主要商品或者服务项目的难点；分解销售计划的主要方法，鼓励同事一道完成任务的方法等。

二是掌握畅销品、滞销品周转情况，熟悉退换、调转、催货、办理促销、新品上架的工作方法，能够亲自接待销售，也能亲自接待客户投诉，及时替换因故无法上岗的同事。

表 2–1　店长每日工作一般程序

时限安排	工作内容	自我评价
7:00—7:15	检查店铺外观形象，确保安全，查询昨日数据细目	
7:15—7:30	检查当日服务准备，上货秩序，短缺、洁清动态	
7:30—7:50	跟踪晨会要点、把握员工动态，亲自到重点区域	
8:00—9:00	跟进重点区域服务接待，督查整体动态	
9:00—10:00	详细分析昨天的销售数据，做好改进安排	

续表

时限安排	工作内容	自我评价
10:00—11:00	巡场检查，改进调整，关注现场加工等部门	
11:25—11:40	业务碰头会，听取工作进度，点评工作	
14:00—16:00	巡查陈列、卫生、仓库、纪律、加工区、相关记录	
16:00—17:00	查看当日门店销售等数据，作出改进安排	
17:00—17:30	召开小结分析会，安排明日工作内容	
17:30—18:00	卖场巡视，确认正常下班后保持在线沟通； 旺季或促销时段，坚持在岗，随时解决问题	
封场打烊前	下班后，随时保持沟通，遇到问题立即赶往现场	

3. 明确服务营销监督要点

一是具有专注、热情的岗位态度，互相认同、密切合作的团队。

二是关注员工身心健康成长，开展差别化的技能训练，通过文化活动聚集人气。

三是兼顾服务内容和销售过程，了解影响服务质量的主要因素，兼顾管理。

四是兼顾执行和创新，执行既定规范操作，探索前瞻性创新方法。

五是策划附加值内容，在现有服务菜单之外，提供附加活动，追求差异优势。

六是对销售过程、顾客沟通、交易结果，要建立简明、规范的记录台账。

七是外包的服务项目，要进行规范公正的监督管理，定期公示评价。

八是定期分析销售、后勤安全、服务质量调查结果，提出小结报告。

4. 明确场景监督要点

店铺场景管理的基础是整齐、安全、卫生。在顾客认知的平均水平之上，要提升聚焦点在于有趣化、特性化，强化 5S 管理要点。

5S 是从日本转用的场景管理缩写，原来只有 3S，即整理、整顿、整洁，后来修正为 4S，整理、整顿、清扫、清洁，四个词语的开头发音，用日语表述都是 Sai，简化为 S，“教养”开头发音不是 S，是近些年为强调人性化主体管理因素，补充增加的，列为第五个 S，服务场景维护 5S 原则示意如表 2-2 所示。

表 2–2　服务场景维护 5S 原则

5S	目的	内容
整理	清理杂乱	分类归纳，分类处理掉不需要的物品，保持作业现场没有杂乱物品
整顿	定位定容	按照规划放置物品，分类码放，便于快速、准确、安全地取用物品
清扫	没有垃圾	清扫服务场景，确保没有垃圾、杂物，没有灰尘、污渍
清洁	环境安全	保持服务场景没有化学霉变污损，防止气体、核辐射、病毒等无形气体污染源产生，提供安全、清洁的服务环境
教养	遵守规则	团队养成遵守规定、自觉服务修养，在定制化服务场景中，与顾客互动，传递伦理教养

（1）整理。将暂时不需要的物品和设备设施分开处理。可能继续使用的单独放置，确认不能使用的，要作为垃圾处理。避免堆放在现场，形成杂乱的印象。整理的结果要使现场的服务效率提高。检查监督整理的工具，可以使用看板，列表说明整理的清单。

（2）整顿。随时把杂乱的物品和设备设施，通过简单、有序、清晰的次序码放好，适当贴好标签，做好台账编号，说明码放的时间、位置、使用有效期、管理责任人等，让使用的员工或者顾客能够在安全、方便的情况下使用道具物品。监督整顿的工具可以是标签管理工具，也可以用台账或简易登记表。

（3）清扫。随时维护服务场景内外环境整洁，清扫干净，保持商务服务、设备设施、绿植及附属物、地面及天花板、灯具及空调通风口等各类设施的整齐、有效。确保服务场景没有垃圾、杂物、污渍。监督清扫的工具可以选用作业记录单、现场观测记录。

（4）清洁。确保空气清洁，没有甲醛等化学污染、病毒、辐射物等各种病媒物质，定期检测空气及相关上下水、通风口等设备设施的化学清洁程度，防止污染。按照法规要求，要和第三方专业公司签约，对体验互动区、餐饮休闲区、库房储存区等相关环境进行检测。监督清洁的工具可以选用检查表、专业测量仪表等。

（5）教养。指员工个人或团队整体知识及道德素养，包括按照协议合作的保洁、保安、环境监测团队等相关方。通过服务合作协议，约定技能培训和现场操作的条件，形成良好的工作规范和品德习惯，促进个人着装规范、情感素养提升，更好地接待顾客。监督教养的工具和方法，包括内部培训考核、互动体验，外部顾客体验观察。

2.2.3 监督运营质量

1. 制定岗位操作规定

（1）明确岗位基本要求，包括个人仪容仪表、服务动态行为礼仪。

（2）明确岗位技能任务要点，面对商品售卖以及服务项目，分为技能知识和技能操作两个方向，划分出基本能力和特别能力高低两个层级，并加以简要描述。

（3）明确岗位成长机制，包括招聘上岗、师徒共进、日常及特定时限考勤、在岗培训及游学、考评晋级、绩效奖励等规定。

（4）明确岗位作业指导书，包括岗位操作的流程步骤、作业质量标准、作业时限要求、问题检查记录等。

（5）制定运营手册，包括操作规范要点、执行程序、检查要点、培训要点，并整合在一起，便于应用。

2. 建立检查机制和记录工具

（1）结合公司或上级部门要求，形成本店铺的检查和监督评价方法。

（2）建立日常检查和定期检查评价表单、记录汇总表单等检查工具。

（3）按照一般、良好、优秀的三级划分方法，确定并描述检查评价指标，形成打分评价工具。

（4）确定检查评价的频度，即间隔确定多长时间检查一次，包括外来联合检查、内部明示检查、专题个别抽查、邀约暗访监督等。

3. 明确走动管理要点

初级店长要明确每日工作程序、路线、要点，形成长期有效的工作习惯，同时为自己的岗位成长打下坚实基础。

（1）走动可以加深同事之间联络，了解贴近员工，掌握员工的思想愿望和不顺心的事情，通过沟通家常琐事，建立良性互动关系，树立正面管理理念，形成凝聚力和工作合力。把团结员工作为目标，员工提高心气，才能快速发现问题、解决问题，强调多听、多交流，少训、少处罚。

（2）走动可以提高单位时效，店铺工作量分布在现场，需要在现场结合当时的情况及时解决，将运营管理中的问题消灭在萌芽状态，提高经营管理效率。店长以身作则，可以一级带动一级，互相影响，主管要走动，每位管理人员都要在现场，及时发现销售机会，不到现场的店长，会形成行政化官僚习气，和同事之间形成隔阂。

（3）走动寻找工作差距，通过现场观察员工的操作和顾客反映，发现细节工作差距，形成新的改进方法，将工作落实在细节，提高质量。店铺工作面广、头绪多，容易有疏漏，顾客服务内容纷繁复杂，要求管理人员对现场发现的问题有追踪、有反馈，及时跟进处理结果，使管理工作落地现场、问题解决在现场。

4. 确定食品检查机制

（1）每日管控。日检是基础。要明确各品类责任人、明确问题解决时限、上报调改小结。专项内容包括：动物检查票据核对、有机商品公示证书核对、农药残留检测结果核对、媒体传播用语核对；蔬菜操作间衡器核对、环境卫生检查、面包房面点卫生检查、备品区各类商品数量核对；冷藏及冷冻品类别温度核对；广告特卖区折扣卖点推广（POP）检查核对；鲜度倒计时折扣系统检查；员工现场操作服饰检查；儿童有机食品资质安全检查。

（2）每周排查。按照时令商品更新节奏，在每天的基础检查之上，重点检查新品的质量、数量、价格，关注每日巡检核实记录，包括表单、实物、仓储、操作，发现问题集中解决。

（3）每月、每季调度。每月组织全面综合巡检，集中评估发现的风险漏洞，及时调改有关项目。每季度总结时，要专项跟进月度调改项目执行效果，及时纠偏，稳定运营业绩。到年底，按照计划，外请专业机构评估、诊断，整体推进营销计划。

（4）供应链管理。对于新签、续签供应商，分别审核资质，审核过程记录数据要公示，供应链质量和效率数据要在内部平台分享，包括但不限于生产基地资质、环境安全、加工场所资质、审核资料及签批系统、冷链管理自有品牌开发全过程可视化分享。

（5）四大承诺：渠道信息公开、生产加工可信、化肥农药安全、委托检测合法。

5. 公示检查结果

（1）建立公示窗口，包括内部看板、员工手机工作群、视频流动输出。

（2）明确岗位的提升点，激励员工岗位进步，通过一定形式，向员工分享检查的提升效果。

（3）通过会员沙龙等形式，向忠诚会员代表公示检查结果，包括顾客满意评价调查的部分结果，特别是顾客提出的需求建议，不断改进服务方法和水平。

6. 完善运营指标管理

（1）确定运营指标来源，包括但不限于：直接执行公司及上级部门下达的运营指标；分解组合形成本店铺的运营指标；搜集顾客建议，将典型需求转化为运营指标。

（2）确定运营指标管理，要将运营指标分为必保完成、应该完成、努力完成三级。

（3）日清月结、推进运营成长，结合日常执行检查和阶段性小结，通过看板、表单、分析促进会等方式方法，推动各项指标一事一毕、日清月结，提高达成比例。

（4）特定指标调改，在努力实现指标中，对于特殊经营调整或者非经营冲击干扰，影响指标完成的情况下，要按照店铺正当管理规则上报说明，提出客观理由，对指标作出调整。

（5）指标激励，按照指标达成率情况，兑现激励政策，出现意外或者客观难以完成指标的，要适度调整处罚指标，正面激励为主。对于业绩突出的项目，要树立标杆项目。包括但不限于业务售卖标杆、服务转化标杆、质量控制标杆、专题创新标杆等。

（6）发挥标杆价值，带动店铺整体人气，建立流动激励机制，争做公司或同类门店行业标杆，引领公司或同行业进步。

7. 影响问题解决的主要因素

（1）前期识别判断错误。对于服务内容，包括商品及事务性服务项目本身的质量和资质等要素不熟悉，认知判断出现偏差，在沟通传递、向顾客介绍推荐过程中出现偏差。

（2）引导思路出现偏差。在日常运营过程中，企业上级、店长及经理，对于店铺经营产品的营销思路、绩效考核等主要问题认知不一致，引导思路混乱，团队理解出现分歧，造成执行不一致，难以检查衡量。

（3）执行操作出现偏差。在执行操作过程中，由于理解失误、无意识差错、工作态度不认真等，造成执行过程中服务时好时坏，服务质量不稳定，带来服务质量事故。

（4）岗位能力认知出现偏差。如前文所述，自己想做的事情、有能力做到的事情、岗位规定应该做的事情，三个标签不能很好地匹配（见图 2–1），导致对关键任务要点理解不到位，执行操作不熟练，在面对难题、技术质量要求较高的任务时无所适从，导致无法实现顾客的服务愿望，出现服务质量事故。

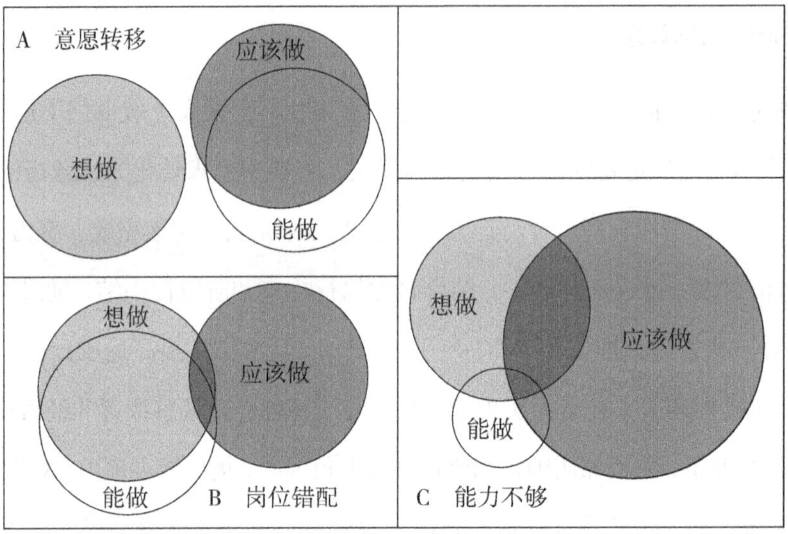

图 2–1 岗位能力判断的三个标签

8. 维护日常运营秩序

（1）跟踪商品或相关服务内容的进货、上架动态，确保架存商品的陈列展示规范、新颖，餐饮门店要跟踪每日上货的质量、价格、温度、数量，及时检查库存更新、退换货以及调货的处理记录，确保商品或者服务内容的周转顺畅。

（2）监督员工岗位工作状态，检查行为礼仪、上下班等考勤、服务接待状态，规范日常出勤记录、在岗动态记录、业务操作记录、顾客沟通效率记录等，提高服务接待效率。

（3）按照员工服务效率，制定相关激励政策，如促销打折机会、向顾客推介新品的机会、利用促销展示场地机会等，进而优化现场动态通报的激励效果，促进整体服务营销。

（4）随时检查店铺运营的风险，包括消防、治安、货损、设备设施等方面，一旦发现问题要在第一时间解决，将风险处置在萌芽状态，保证店铺的人、财、物平安。

（5）做好顾客服务沟通反馈，坚持顾客调查、定期座谈、定制化服务，并将服务沟通内容纳入系统管理平台，做好对比分析，督促会员营销效率。具体见表 2–3。

表 2-3　店铺服务环境检查表

检查区域	检查项目	评价结果	
店外	店门	外面看店铺是否整洁、是否看得见主题板	
	垃圾箱	垃圾箱分类、是否清理、是否有异味儿	
	入口处	环境是否整洁、员工姿态是否得体自然	
店内	天花板	检查污痕、划痕、水渍，设施是否整洁	
	墙壁	设备设施有无残损、墙面有无污痕	
		POP、看板是否更新、美观、有无污损	
	地面、通道	有无垃圾撒落、清洁是否及时	
		是否有商品包装物长时间遗弃	
		商品进出作业区域和时间，是否影响顾客	
	说明卡片	顾客使用是否方便、存放是否整齐	
	主题陈列	主题政策 POP 是否清晰	
		各种辅助设施是否清洁	
		商品的主要特征表现是否突出	
	服务台	是否清洁，收款设备设施是否有效	
商品	商品组合	员工是否清楚主题品类商品布局	
		有无损伤、污渍类商品	
		有无过期商品、有无资质不清商品	
		新品和促销品分界是否清晰	
		有无缺货、断码商品，后续补货情况	
		商品分级陈列，主题是否清楚	
	价格提示	价格是否清晰准确表示出来	
		价签有无多重覆盖、污损现象	
		打折品价签是否准确张贴到位	
	季节感	应季的商品是否及时更新上架	
		商品专柜是否具有个性化季节商品气息	

第三方委托的外来机构检查。这种检查一般带有主题任务：按照主管机构行业政策，进行统一巡检；按照协会加盟约定，按时组织抽查巡检；提前发布公告、约定加盟企业参加主题评价，比如评选明星标杆企业。

由于是行业统一组织，多数涵盖全渠道范围，衡量工具及运用尺度相对统一、横向店铺对比性较强，对于店铺的服务质量检查指导价值很高，所用的检查方法可以通过讨论，转化为企业内部检查内容，外来检查评价方法如表 2-4 所示。

表 2-4　外来检查评价方法

项目	建议时间	说明
店外观察	10 分钟	实地观察店铺外观美化情况，遵章守法的规范化程度，确定访谈要点
店内服务访谈	30 分钟	观察店员与顾客的交流互动。扮演顾客模拟消费咨询，与店员互动，感受服务质量。接受服务过程中不得表明身份。如果有实际消费，应由检察人员自己负担经济支出。不得借口检查人员身份要求折扣
填写访谈表	20 分钟	检察人员在店铺外面填写表格
礼貌致意	5 分钟	访谈表填写完后，应向店铺方面表明身份，出示身份证件，解释来意并提出改进项目
签名确认	10 分钟	填写完访谈表以后，请店方人员签名，确认检查人员到位工作，店铺方可以复印留底，正本交回

2.3 执行推广营销计划

2.3.1 执行方案

1. 理解和执行总部方案

（1）营销策划是商品或服务内容经营目标展开落实的过程。主要是指示性计划，包括公司或上级部门下达的计划内容。重点是业务售卖销售计划、营销推广计划、顾客服务计划、能源控制计划，确定网络渠道、实体渠道的作业方法的区别。

（2）分为不同层级分解，可以将年度目标分解为季度目标、月度目标，甚至在一些服务业中，要分解为每周、每天的服务营销目标。如表 2-5 所示，适度分解指示性计划，要按照计划分布的部门、项目、时间权重，适度分解。确保重点项目、重点部门的完成率，同时应对特殊情况。

表 2–5 服务营销工作目标

责任项目	预定目标	方法途径	完成期限
创新产品	全渠道服务项目两个	成立开发小组； 设计实施方案； 分析执行结果	1 月—12 月
营销推广	改善推广方法两种； 提高触达转化率 10%	与外部平台公司合作； 策划实施方案； 经过三个季度营销测试，分析结果	1 月—12 月
现场检查	顾客伤害事故为 0； 服务产品客诉不超过 10 件； 从四个季度滚动评价中推荐服务标杆 2 人，竞争集团服务标杆明星	服务现场培训； 安全隐患检查记录； 标兵演示、顾客互动记录； 门店奖励方法	1 月—12 月

（3）主动协调执行，在计划下达的时候，要主动沟通协调，争取本店铺完成有利的项目，突出店铺的优选特色项目，在有条件的情况下，要逐级落实到岗位个人，列出看板和进度表，用于可视化监督。包括时间节点目标、销售额目标、毛利目标、利润目标、坪效目标、人均劳效目标。

（4）在公司政策允许前提下，有效分解营销计划，有所选择、有所侧重，突出店铺营销特色和重点项目。将每天的服务营销内容和方法，进行精准的规划，落实到作业指导书，落实到每一个人，准确实施计划。

2. 制订特色化计划

（1）提出店铺服务内容组合计划，包括需求调查中总结的营销建议、员工座谈提出的营销亮点、社区周边新兴的文化事件、合作伙伴提出的营销提案等，通过组合策划，形成店铺独到的年度营销方案。

（2）提出可行性方案的依据，包括营销资源保障、推进实施成本转化、合作伙伴资质协调、营销转化分析等，经过讨论审定，形成确定的营销方案，签订协议契约，分工实施。

要注意两点：一是要完成上级部门下达的计划；二是要充分挖掘所在商圈或目标客群

需求特点，采用复合化的思路，争取价值最大化。

（3）突出内容组合特性，店铺推广营销的核心是售卖内容，包括商品内容的季节性更新、材料安全保障、加工风味、安全健康等，梳理相关要素，有别于邻近店铺的服务方法，同时要合法合规控制售卖内容的渠道成本，遵守道德、诚信营销。

（4）把握顾客喜欢的形式，营销组合要符合顾客熟悉的方式方法，让顾客便于接受、便于选择、便于利用售卖的内容。策划的营销售卖内容，要提前预告，说明营销时限、时令特色、安全合规、内容成分，发布说明告示的内容要真实、准确。

2.3.2 及时归纳小结

1. 每天汇总数据

（1）及时上传。进行POS系统数据小结、确认、盘点、上传数据，在一天经营结束以后，要仔细阅读系统初步统计分析的运营概况，做到心中有数。

（2）同比效率。每天服务营销数据，都要与上个月、上年同期对比，与企业连锁店横向对比。此外还需要与所在社区或地区同行业、同种门店的经营数据进行对比；必要的时候，要组织个人或小组到同行业、同业主门店进行走访观察，寻求实际观摩和数据组合对比分析结论，推进执行经营目标。

2. 每周分析小结

（1）通报业务信息。通过周例会进行通报，商品及服务内容方面包括楼层区域、主导品类、关联交易、服务项目、关键热品的更新、长短品跟踪等；顾客互动及客流量方面包括客流量、客流分布区域特点、各区域、品牌关注及购买转化率、顾客关注热点商品、配送商品在运输途中状态、餐饮菜单品类、沽清动态处理特点。

（2）传递员工动态。员工岗位活动方面包括岗位动态、互相沟通次数、内容、问题集中时段、沟通解决效率等，深度关注沟通内容相关的问题，为下一步策划解决问题提供基础素材。

3. 每月全面分析

（1）业务分析。区域、班组代表分享项目、员工的运营成果，公示存在问题，提出解决建议方案，同时表彰优秀服务营销方法、顾客反馈表扬项目、优秀员工。

（2）解决问题。对于在现场出现问题受到处罚、批评的员工，要在月底总结会上与相关员工共同讨论，寻找解决问题方法，将存在的问题转化为员工积极工作的起点，激励员工化消极为积极，转变态度。

4. 每季度总结交流

（1）业务总结。将月度总结情况汇总提炼，在季度交流会上分享、提升，为半年、年度总结提供有效的经营总结素材。

（2）提出新建议。对于运营过程中出现的问题，策划设计解决方案，提交报告，审批以后具体实施。

2.4 维护客户关系

2.4.1 完善会员管理机制

1. 建立会员管理平台

（1）结合店铺基础条件。建立适当水平的顾客消费数据收集系统，将不同类型顾客的消费数据，按照消费的商品类别、时间顺序、消费金额以及客单价等要素，分别统计。

（2）根据企业统一部署，建立会员系统、商品系统、人力资源管理系统相互共享的数据平台。彼此相关部门可以从顾客服务效率的角度，读取所需要的数据，特别是读取人力资源方面员工管理的数据，从而形成有效率的数字化管理系统。

（3）建立与会员联络沟通反馈机制。通过在线平台、会员沙龙、俱乐部等形式，定向搜集会员顾客意见，稳定和提高服务质量。按照约定，将有消费记录的顾客，转化为数字化会员，提高顾客管理效率。

2. 建立会员细分机制

（1）按照自然属性细分客群。按照顾客年龄、性别、职业角色等自然身份特征，划分组群，结合本店铺业务特点，突出其中一个或者几个属性，形成主题清晰的细分客群系列。

（2）按照消费特征细分群体。根据顾客购买商品的类别、单品及款型、习惯性组合、一次购买的消费额、季节性购买特征等要素，建立按时间序列展开的消费图谱，专题分析在哪个时段、哪些顾客、消费了哪些商品、购买数量、金额。

（3）按照利用频度细分群体。结合顾客购买、利用的频度、居住地的远近，划分不同客群的属性，由于店铺服务内容不同，顾客消费频度高低，可以反映店铺人气程度。

比如每周都有光顾的20%为热心顾客；光顾频度较高、消费额较高的30%为高质贵客；光顾频度较低、消费额很高的20%为稀缺贵客；其他30%为流动的潜力客群。

3. 规范服务项目及流程

（1）策划公共服务项目。在现有商品或服务项目基础上，组合策划，提出公共服务项目，面对所有到店顾客或者在线浏览顾客，提供社会公益服务。设计基础项目，要考虑对顾客的有用性，即顾客价值。如果作为免费项目顾客也不使用，那么这样的服务项目就失去存在意义。

（2）策划体验互动项目。按照体验互动、对话沟通的维度，设计社交类服务项目，通过邀约、在线访谈、体验互动等形式，利用和分享服务项目。社交类项目，是密切社会关系，提高店铺人气的有效方法。

（3）设计服务提供流程。在策划服务项目的同时，按照顾客利用服务的顺序，和员工沟通的过程，编制服务流程图，通过看板公示，执行成熟以后纳入管理系统。策划流程的关键是划分执行程序和岗位授权，而不是简单地划分执行顺序。

2.4.2 确定专属顾客服务

1. 会员分级政策

（1）编制会员手册。制定简明扼要的会员服务政策，包括但不限于转化为会员的条件、会员价值升级的条件、各级会员能够享受的权益、会员退出条件等。

（2）制定分享政策。主要指本店铺会员与合作伙伴会员之间的分享政策，努力打通合作各方会员服务项目，让顾客能够享受到更适合、更便捷的服务项目。

（3）制定全渠道政策。主要指实体店和网店会员交叉利用服务项目的服务政策，包括但不限于浏览、查询、咨询、订单、选购、配送等系列服务政策。

（4）制定客诉解决政策。主要指顾客以及会员出现客诉的相关政策，包括但不限于快速受理、转接处理、后续反馈等环节的政策，确保顾客在正常使用、购买店铺商品或服务项目遇到伤害或损失时，能够得到合情、合理、合法的公正解决。

2. 会员数据的共享

（1）部门数据分享。主要指会员身份信息和消费信息分享，会员管理部门和营销管理部门互动合作，从各自角度分享对方的数据信息，可以更好地制定服务营销政策，提高营销效率，改进服务质量。

（2）店铺数据分享。在店铺整体平台上，通过主管例会、专题分析会等形式，各部门分享积累的顾客及会员服务数据，运用一定格式整理归纳，形成阶段性服务营销小结或者预测性建议报告。

（3）公司数据分享。店铺数据和公司相关部门、相关同类连锁店铺之间的数据分享，通过店铺之间会员信息分享，促进店铺之间的服务交流，改进服务质量。

3. 专属定制服务项目

（1）专属服务价格。在一定时限、一定场景，策划推出相关的品类商品或服务项目，面向一定数量、某种属性的会员，提供专属服务。

（2）体验互动活动。结合店铺商品、服务项目，策划现场互动项目，包括产品尝试、技能体验、健康护理示范、厨艺加工交流、化妆配饰指导等活动。

（3）预告服务菜单。按照顾客预约的项目，提供专属的定制化服务。可以是单人，也可以是小团队；可以是单位，也可以是家庭，将营销做到店外，做到顾客身边。

2.4.3 完善服务质量管理机制

1. 明确服务质量管理理念

（1）准确理解服务质量的含义。服务质量指为顾客提供服务活动中的固有特性要素，在很大程度上可以决定满足顾客需求的程度。服务质量包括技术质量和功能质量。技术质量指购买服务得到的内容结果，也叫作结果质量，比如购买一个面包好不好吃。功能质量指实践过程中综合的情绪体验感受，也叫作过程质量，比如加工面包的店铺卫生、服务氛围。

结果质量是感受评价的基础，比如买的面包烤煳或者变质，就失去情绪感受评价基础，谈不上积极的情感评价；一个对外声称殿堂级定制服务的餐饮店，提供的红烧肉是普通预制菜，打开封袋回锅加热端上来，会让顾客产生智商被愚弄的情绪。当然，如果结果质量确实超过行业平均水平，让顾客感受惊喜，情感评价就会体现出附加传播意义。

（2）明确服务质量提升机制。主要由需求分析、服务设计、服务提供、服务改进四个环节构成。服务机制的根本就是服务质量提升机制。需求分析是企业与顾客接触开始。服务设计或者策划是在服务调查和服务需求报告基础上规划设计服务内容，同步制定服务流程，制定服务三大规范（服务内容规范、服务提供规范、服务质量规范）。服务提供是根据服务设计制定的规范或内容，如何提供给顾客的过程。提供过程中，要讲究服务过程有效性、督促检查有效性、结果评价有效性（内部自身评价加外部评价），并开展服务改进，及时验证改进的有效性。这四个有效性，构成服务质量规范的主要内容。

（3）明确维护服务机制的难点。第一个环节是流程和三大规范执行程度，服务流程涉及授权，只有执行没有授权的服务过程，很难及时满足顾客需求，更难以结合实际超越顾客需求，所以，有效的授权，决定服务内容质量标准的高低幅度。授权与流程以及质量规范组合，确定可能提供的服务质量水平。如果经过授权、执行流程、质量把控以后，提供的服务质量低于大部分顾客的平均认同水平，那就很难持续聚客，也很难形成市场口碑。

第二个环节是评价和调改的可能程度，如果店铺提供的质量把控工具无法有效实施，难以落地，就说明服务机制失控，需要寻找内在管理原因；如果店铺运营依赖某种特别的利益关系，即使出现服务营销问题也无法改变现有的关系，那么店铺运营就不符合规范化运营机制。

2. 提高顾客接触点效率

（1）明确顾客接触点的含义。顾客接触点、接触时刻、接触面，几个词语的内涵基本一致，可以转化理解为顾客查询店铺的信息窗口，利用商品或者服务项目，体验具体服务场景等顾客触达方式。这些触达环节可以生成渠道数据、推广营销转化数据等服务效率指标衡量元素，进而衡量顾客沟通、回购率波动、会员忠诚度等服务质量指标，所以，关注和评价顾客接触点的目的或者说是价值，是提高顾客沟通质量，提高服务营销效率。

有一些外延宽泛的理解，认为接触点涵盖企业和顾客所有的沟通、交易项目，虽然道理说得通，但是定义范围扩大以后，不利于聚焦重点项目、解决关键问题。

（2）策划具有更高价值的顾客触达方式。如表 2–6 所示，可以增加聚客机会，提高顾客利用和回购率。对于独立性较低的连锁店、店中店、品牌专柜等，顾客触达方式的策划和评价，往往涉及上层主管机构以及其他相关部门协作，业务、信息、推广、财务等几个部门都要参与。

表 2–6　顾客接触设计与整体提升的关系

企业方（关注点）	顾客接触点（改进点）	顾客方（关注点）
确定服务项目（产品）	产品组合的鲜度与价格	结合需求，怎么查询？
确定销售方式或目标	渠道陈列、解读传播工具	想买的产品价格如何？
确定工作量、时限	接待讲解、展示具体功能	新鲜吗？品质安全吗？
确定赢利点并加以维护	利用效果演示，场景体验	最主要的好处是什么？
确定服务政策及流程	收款方式、验证交付收据	付款方便吗？准确吗？
确定顾客积分反馈办法	配送跟踪查验，售后承诺	退换变更、修改方便吗？

（3）能提出评价顾客接触点的方法。针对不同的触达利用方式，确定提供的服务内容，能够针对这些服务内容提出简单有效的评价指标和衡量方法，如表 2–7 所示，合理地提出优势表彰、弱势改进建议，得到授权以后有效实施。

表 2–7　提高顾客接触点价值的评价方法

触达方式	基本水平描述	满意水平描述
迎接问候	礼貌问候、询问需求	表情要诚实、微笑亲切自然
回应解释	重复询问内容，简要说明	重复需求要点，解读让顾客听明白，最后表示感谢
解决质疑	道歉、说明理由、希望理解	客气道歉，承认失误，说清楚事实，得到顾客理解，协商解决

续表

触达方式	基本水平描述	满意水平描述
拒绝顾客	道歉，说明拒绝的理由	真诚道歉，说明事实，替顾客设计解决的建议，表示感谢
让顾客等待	张贴等待书面告示，说明等待理由	用不同方式传递等待理由，提示顾客等待方式，提供茶水，和顾客对话

3. 解决服务过程问题

（1）明确服务问题的层次。员工对客人谦恭、亲切的问候是表层；提供菜单、询问口味、健康适用食材，是进一步关心；履约提供满意内容，让顾客感受愉悦，是提供践诺价值；延伸提供顾客预料以外的价值内容，包括伦理民俗仪式，是提供情感深层次附加值。这种“有效化”递进层次，就是满足需求、超越需求的过程，解决不同层级出现的问题，决定了服务质量的层级。

（2）明确解决服务问题的程序。明确服务问题的属性和等级及影响范围，有针对性地提出解决方案，特别要注意解决问题的方式方法，先易后难、重激励轻处罚的程序，新的解决方案一定要超过原有服务水平，有所改变、有所提升，经过讨论可以转化执行。

（3）明确解决服务问题的标志。即新的方法有效引起顾客积极关注，通过实施新的方法，服务质量超过原有水平，不再出现原来的问题。如果在原有水平修补、完善，顾客没有获得感受，则判定没有达到提升服务质量的目的。

4. 顾客回访的要点

（1）安抚顾客。预约上门回访，首先要消除顾客的不良情绪。客诉解决以后，顾客可能还有一些不满情绪，严重的会影响身心健康，因此，服务管理部门的代表要主动回访，关注后续问题。

（2）取信于顾客。通过沟通，恢复和巩固与顾客的互动关系。由于客诉，顾客对企业态度有变化，需要通过回访恢复顾客信心，听取顾客的后续想法，甚至共同讨论新的服务方法，邀请顾客尝试。

（3）维护顾客关系。避免顾客跳转流失。任何店铺都需要不断稳定、扩大客群，在多元化市场竞争条件下，维护顾客队伍是完成经营目标的前提。客诉问题合理解决以后，通过回访，评价检查的质量标志是顾客没有离开，回购率有所提高。

5. 客诉引发的服务改进要点

（1）分析客诉问题的原因。一要分析表面直接原因，二要分析内在管理原因，特别是中上层原因，提出分析小结及建议，确定客诉问题的因素以后，为解决问题打下基础。

（2）按照出现问题的特点，分析相关流程涉及的岗位职能授权，确定出现客诉问题的相关岗位责任、操作流程，向组织机制授权、责任制、协作效率等深层次追溯。

（3）协商提出内部改进建议，根据事实分析，讨论确定改进方法，包括现场作业操作方法、后台管理流程、授权关系等，经过申报以后正式执行。

（4）经过调改以后的工作方法，要纳入标准化检查范围，在执行过程中得到理解和形成执行习惯、确保质量稳定基础上，纳入标准化管理体系。

相关案例

某服务类企业店铺，在店铺设置排队取号机，业务繁忙的季节便于顾客排队接受服务。某天，店长小李为了接待更多的顾客，提高接待顾客的效率，临时决定前一天下午让顾客抽号，确定第二天服务排序。

第二天，部分领取排号的顾客没有按照预定的时间到店，小李决定等待这些顾客，让当天临时到店的顾客在店铺外面排队等待。其间，前一天取得号码的顾客直接来到店内，引发在店外等待顾客的不满抱怨，甚至大声吵闹。小李难以应对，通过电话报告总部主管服务的王经理。王经理得知店铺情况后，感觉没有什么大问题，仍然安排前一天领取号码的顾客排序接受服务，但是店外顾客提出，店铺并没有对外宣布可以提前一天领号，这是不尊重顾客，违反服务协议的，反对前一天领号的顾客先接受服务。

面对顾客的反馈声音，王经理感觉事情不像他想得那么简单，自己无法给出合理解释。王经理请示公司主要领导以后，采取应急措施：一是留出通道，让前一天排队的顾客接受服务；二是开辟第二通道，安排当天到店的顾客接受服务，同时向等待已久的顾客赠送小礼物，表示歉意。

该案例纳入公司总部培训课程体系，作为一个教训，警示所有店铺的店长，要懂得尊重顾客，懂得承诺和履约。

2.5 稳定人力绩效

2.5.1 确定岗位任务

1. 激发员工主动性

服务岗位员工多数在基层，需要结合具体岗位任务，多一点授权激励表扬，增强自我肯定感，提高解决问题的勇气，稳定和提高绩效。

（1）确定每个岗位、具体每个人的任务边界，量化指标，描述明确的考核依据。让员工熟悉自己工作的分量、价值，找到自己的存在感。

（2）引导员工从正面关注事情进展的过程，积极接受工作任务变化的每一个结果，而不是只看到压力困难，消极不前，或者做事不扎实，粗线条飘过，要理性面对工作。

（3）引导员工通过自我提问、倾听他人反馈的方法，分析评估工作状态，肯定自己的正面想法和做法，改进自己工作思路，调整情绪，开心合作，避免孤立。

（4）制订有效的培训方案，培训过程是改进团队氛围的好机会，要合理设计培训计划，引导员工分组合作，伙伴之间要互相鼓励，积极提供心理支持，创造自我肯定的团队文化。

（5）及时查找运营系统问题。遇到难题或者矛盾，不要轻易单方面指责员工，容许员工无意识出错的现象。一般来说服务执行过程如果出现问题，80% 是运营管理中出现问题，因此，要用系统化方法，分析解决问题，而不是简单地处罚、责难。

2. 新员工培训的要点

（1）要寻求认同感。商业服务员工流动较快，来自不同品牌企业、合作单位，不同地方的员工走到一起，生活观念差异很大，容易出现不适应而流失的问题。首要问题是解决员工对本企业的领导特点、团队习惯、做事规则的认同，可以利用引导示范的方法。

（2）组织到现场走访。在培训基本知识的同时，要穿插安排新员工到服务现场、管理部门走访观摩，部分业种的店铺，要让新员工直接上手辅助操作，边干边体会，增强技能培训效果。

（3）突出本店铺特性。新员工在一周至两周的培训中，很难全面掌握企业的各种要求，要突出重点内容，强调服务内容或者话术的特性，熟悉服务理念，让员工在执行中观察差别，掌握具体做法，便于上手实操。

（4）新老搭配演练。组织新员工实际演练，安排部分老员工到场搭配，也可以分组对抗竞赛，刺激新员工的工作热情，加快团队融合。同时，可以设计师徒共生成长机制，用经济绩效、岗位晋级等方法鼓励师傅带徒弟，减少新员工不适感。

3. 现场演练的要点

员工需要经常开展基本操作技能训练，组织现场对抗性演练，将技能和知识解读相结合，可以大幅度提高岗位服务水平。

（1）限定时间比质量。在规定时间内，观察完成动作的质量和效率，例如消防训练中甩水龙带、连接消防水喉、操练灭火器，餐饮食品技能训练中加工菜品等。

（2）限定时间比数量。适用于简单组合加工，例如确定几种道具，在陈列、展示等方面，观察员工在规定时间内可以组合出几种新的服务造型，比如货架分类陈列。

（3）限定时间比稳定性。限定时限和操作数量，比较几组操作的稳定程度，包括出差错的次数、差错的程度、接近标准的程度等，考查员工对于规范、指标掌握的熟练程度。

（4）分组结对参照。在服务接待、顾客访谈、特定情境沟通等方面，按照同样的主题要求，两人或三人一组，彼此互换，演示动作的规范性，包括礼仪、表情、语言使用、动作幅度等，互相提示借鉴，共同提高。

4. 开发培训项目的要点

（1）针对执行过程的薄弱环节，重复训练操作。结合部分项目、区域瑕疵较多的薄弱环节，定义为价值低洼区，梳理相关内容，确定上下、左右部门之间的合作交接关系，分析寻找问题的原因，确定重点强化的项目和标准，确立培训内容，加快改进。

（2）从阶段性工作主题中强化要点，按照企业年度工作目标，如产品组合营销指标、销售业绩指标、标准化合规指标、全渠道创新指标等，确定其中的方向和重点，规划培训内容，通过讲解和演示，强化学习有效的方法。

（3）树立团队中的服务标杆。发现内部优秀的员工，采用每周颁发流动红旗的方法，3个月获得6次以上流动小红旗，就确立为本年度的服务标杆，推广介绍经验做法，提供机会让先进员工现场演示讲解，让其他成员看到具体细节，传播标杆精神，提高团队能力。

（4）搜寻热点新话题，传播行业发展新热点。与本企业的服务产品相联系，寻找时尚品特点，结合岗位实际策划设计本店铺的热点营销话题，必要时邀请第三方培训顾问，通过前期充分沟通，利用第三方资源，传达店铺的某些管理设想，提高认知，统一理念。

5. 外出观摩学习的要点

（1）要提前准备访问提纲、尺子等工具。将培训对象按专业岗位分组，分别了解观摩访问企业或店铺的特点，了解访问重点，预先策划学习内容和程序。

（2）分别座谈交流。在访问现场结合观摩学习，按照划分的小组，布置的访问课题要点，注意抓住重点测量、拍摄，分别或集中组织或参加座谈交流，必要时邀请技术顾问专项讲解，加深理解，提高观摩访问效果。

（3）分组观摩以后要复盘小结。各小组在访问以后要自行组织小结，结合实际工作互相交流，提出解决提案，作为改进方法，可以和一同前往的同行业人士讨论确认。

（4）组织提炼转化。观摩访问返回本店铺以后，要按照主题进行整理提炼，提出建议方法，转化为本店铺可以应用的工具或方法，推进实施，要跟踪转化落地的效果，进行后续的经验交流，避免出现观摩考察走过场、变相旅游的问题。

6. 引导员工转换调整心态

（1）明确具体目标。组织员工岗位培训，提高绩效，出发点与核心是人性化成长目标，通过具体小目标，实现个人的志愿，在员工成长同时获得企业收益，而不是在一定程度上牺牲员工身心感受，获得企业收益。

（2）适当地组织团建活动可以提升工作效率，组织群体团建活动花样可以个性化创新，运用头脑风暴方法，不断激励员工活力，如表 2–8 所示，抓住要点，引导员工调整身心健康，改善情绪状态。

表 2–8 转换员工心态的训练要点

原状	改进	目标
我是不会工作的人	能够成为会工作的人	分开单元做，逐一小结
我没有魅力，是大家的累赘	为别人做点什么，试试看	我是有用、有价值的人
过去做什么都失败	向前看，尝试一种新方法	积累正面体验，逐渐做好

7. 表扬人的“三原则、四要素”

（1）明确表扬三个原则。一则要在行动之后立即表扬，不能等一次工作完成结束后，过了很久想起来总结表扬，脱离人、事、场景环境，过了最佳激励时期，激励作用降低；二则要对具体行为表扬，不能夸大其词、盲目拔高，比如说“你太伟大了”，不如说“你第二题分析很准确”，更容易让人感觉温暖；三则要诚心诚意地表扬，不要漫不经心地对付。表扬人要真诚面对面，不能是有一搭无一搭，信口开河，随便一说。

（2）明确表扬四个要素。①“承认”，注意到对方的行动，描述行动特点，比如说：“你炒菜的样子很细心。”②“认同”，对引起关注的行动表示认同和共鸣，比如说：“我理解你现在的感受。”③“赞赏”，比如说：“从你做事情态度中，我受到很多启发，学到了真诚做事的方法。”④“感谢”，比如说：“从你刚才分析中得到很多启发，谢谢你。”

例如：“听说你签了一个大合同（承认）；过程很难吧，真替你高兴，我很理解（共鸣）你的不容易；你对客户照顾很好，看得出来很用心啊（表扬）；祝贺你，为团队争得了荣誉，从你身上学到很多，谢谢你（感谢）”。

2.5.2 执行绩效考核

1. 明确考核原则

（1）明确考核指标。在一般中小型店铺，绩效考核要做到简洁、明了、有效。如表 2–9 所示，数据指标简洁，一看就懂；考核指标和计算方法简单，谁都会算；考核结果符合企业决策者的愿望，符合员工的心愿，可以促进服务效率（见表 2–9）。

表 2–9 考核指标确认表

	初级要求（6 ~ 8 分）	高级要求（8 ~ 10 分）	评价结果
安全指标	服务内容有瑕疵、没有毁损事件	服务内容、过程没有瑕疵	
	人员沟通有瑕疵，没有伤亡事件	人员合作、创新没有瑕疵	
质量指标	与预定指标差距 10% 以内	与预定指标差距 5% 以内	
	顾客客诉在 10 件以内	顾客质疑在 10 件以内	
效率指标	与计划时限指标同步完成	超过计划时限指标完成	
	满足顾客预期目标	超出顾客预期目标	
成长指标	顺利完成岗位任务	创新完成岗位任务	
	维护班组一道工作	班组出现业绩能手标兵	
特殊说明	例如：过程难度、意外事件、渠道项目调整等		

（2）要注意落地转化。绩效考核要符合店铺所在行业、所在区域特点，包括指标弹性、时间限度、执行难度等，同时，要将考核指标转化为岗位行为的检查表、评价表，与日常工作结合起来，比如用员工之间互相评价表定期打分（见表 2–10），开始可能大家不习惯，执行一段时间形成机制以后，可以互相监督、纠正一些不良方法。

（3）要结合实际适当调整。表面上看，绩效考核是要奖勤罚懒，但是其根本目的是激励先进、解决差距问题，推进企业和店铺工作有效发展，既要表彰优秀员工，也要重点关注难度较大的工作项目或岗位，特别是不要让员工因为非经营因素难以完成指标而寒心。

表 2–10 店铺员工互相评价表

服务能力 \ 评价		可以指导别人		独立完成		需要别人指导	
		上评	同评	上评	同评	上评	同评
接待销售	1. 接待姿态合理、动作自然						
	2. 应用接待称呼热情得体						

续表

评价 \ 服务能力		可以指导别人		独立完成		需要别人指导	
		上评	同评	上评	同评	上评	同评
接待销售	3. 和顾客形成友好的关系						
	4. 自然微笑，认真介绍商品						
	5. 收集顾客愿望，恰当回复						
	6. 整理顾客记录，设计方案						
	7. 创新方法，发送商品信息						
	8. 了解现场缺陷，提出建议						
	9. 合理解决质疑，及时通报						
商品管理	10. 掌握商品动态，及时陈列						
	11. 随时检查多渠道配货动态						
	12. 定期盘点、掌握单品情况						
	13. 定期确认库存，及时调货						
	14. 服从监督指导，及时改进						
	15. 维护陈列区，随时检查						
数据管理	16. 及时统计单品业绩						
	17. 收集顾客需求、上报数据						

续表

评价 \ 服务能力		可以指导别人		独立完成		需要别人指导	
		上评	同评	上评	同评	上评	同评
数据管理	18. 掌握盈亏结构，分析上报						
	19. 分析顾客行为和动销关系						
	20. 分析全渠道数据，提出建议						
环境管理	21. 调整展示陈列，设计主题						
	22. 创新关联陈列，记录优化						
	23. 依据进出动线，营造故事						
	24. 选择话题，做特色陈列						
	25. 根据不同时段，调整陈列						
	26. 灵活使用看板、提示牌						
销售款管理	27. 熟悉钱款管理规定、流程						
	28. 确认日报以及销售款						
	29. 熟悉全渠道收付政策						
	30. 确保设备安全无故障						
	31. 每天、每班及时对账						
	32. 及时处理误差，降低损失						

续表

评价 \ 服务能力		可以指导别人		独立完成		需要别人指导	
		上评	同评	上评	同评	上评	同评
销售款管理	33. 准确处理多种收款业务						
	34. 熟悉货币兑换、免税业务						
	35. 熟悉货币相关安全规定						

2. 服务营销考核要点

（1）将服务指标和营销指标合并考核，按照年度计划完成比，进行系统对比，结合完成率考核，避免出现服务检查被忽视、片面重视营销结果的脱节现象。

（2）按照顾客反馈意见的变化，及时查找问题点，追查营销过程的缺陷，同步改变营销完成的考核权重。如果接到顾客质疑客诉没有及时解决，甚至问题更加严重，则降低营销指标权重系数，降低绩效额。

（3）根据实际服务和营销执行记录数据，分析考核服务产品策划创新的质量和效率，作为服务及营销部门关键工作质量指标（KPI）之一，调整工作方向，将营销关注点回归顾客关注点，为顾客解决问题。

（4）考核兼顾推进难度和执行稳定性，服务与营销是一个过程的两个维度的表述，代表店铺业务扩张的质量和水平，除了考察规范化、业绩完成进度之外，更要考察服务营销的创新维度，鼓励创新创效。

3. 店内巡场考核要点

（1）服务内容组合新鲜、有趣。实体商品、生活类服务项目展示方式、菜单、告示的张贴公示组合布局是否完整、直观、有效，主推品、畅销品、滞销甩卖品、临期品、应季品展示维护状态，成熟主力产品类、成长升级品类、初入培育品类的维护状态。

组织临期品、土特产品销售，要注意设置专门的提示看板，将产地追溯信息、约定限制时间等内容标识清楚，避免出现误导。

（2）员工在岗位举止有活力。员工的岗位行为是否与要求相符，有没有随意离岗聚众闲聊、休息蹲坐打瞌睡、视频闲聊玩游戏等，观察员工的待客情绪变化，接待过程的行为活力。

鼓励员工通过手机等智能化手段和顾客联络、沟通，在私域平台展开服务营销。

（3）实物商品陈列展示及时、准确、直观。商品展示陈列错落有致，主题关联美观，便于识别、选择商品，展示陈列更新维护记录清晰，促销品架存定位维护充实有效，陈列排面空窗现象维护有效，POP 展示说明清晰完整。

全渠道不同仓位商品配货、选货、调货记录和后台系统完全一致。

（4）现场架存、库存与补货记录完整、及时。与系统数据对应准确，合作伙伴上货、退货、换货记录完整，店铺散仓规范有序，人员进出门、货品进出记录准确，应季畅销品补货及时，没有缺货、难以补货现象，明确标注散仓积压品的清理方法。

货损记录完整、地域店铺货损指标控制有效，商品管理费用控制有效。

（5）场景空间整洁、设备设施完好无损。店铺空间可视范围内导视看板完整，功能项目引导说明准确，主题活动特别说明菜单更新及时，空气流通、没有异味，温湿度合规，灯光照明设备设施安全、完备，卫生清洁消毒记录完整，不良天气卫生记录规范。

（6）安全责任落实到位。物业安保设备设施齐全，温度控制、节电控制、应急报警工具维护有效，治安巡视、点位值班人员确保在岗，食品等现场加工、预制菜品新鲜有效，追溯记录准确有效，食品卫生检查公示及时。

4. 服务类店铺常见管理难点

（1）多数店铺管理机制垂直指导，对店长积极性约束较多，缺乏创新营销基线，日常运营维护比较僵化，员工流失率高，由于品牌口碑、绩效福利等因素，招聘、留人都很难。

（2）企业观念传导机制差，企业文化涉及员工应知应会的内容，缺乏可视化传播要素，员工对企业经营观念缺乏了解，主动工作的责任心较低，被动依赖性较强。

（3）业务授权、客诉处理授权不清晰，虽然让店长负责解决，但是店长缺乏支配商品、资金的权力，单纯解释难度很大，牵扯大量精力，受此影响，经常有员工因为客诉压力而放弃工作。

（4）对员工激励措施少，约定的基础工资较低而且相对固定，激励薪酬和福利相对较低，在生活消费支出加大的环境下，难以满足员工的薪酬期望。

5. 店铺管理难点的应对思路

（1）企业文化、经营理念宣讲和传播要上下一致，内容细化，表述简单，让员工了解企业经营的真实状况，未来 3 ～ 5 年企业的经营打算，有职业安全感。

（2）简化培训方法，少讲大话，多讲执行，在讲解理念、流程的同时，重点关注员工执行操作方法，可以通过互动演示、彼此模仿，纠正和稳定执行程序，让员工听懂、会干。

（3）在固定基础薪酬基础上，开发绩效薪酬激励方法，鼓励创新，新项目业绩达到一定额度，绩效提成之外，应有分佣、分享奖励，发挥奖金带动活力的作用。

（4）换位思考，全员背指标，从店长管理员工变成全员管理内容、员工对服务结果负责的自觉经营者，店长也要亲自销售，和员工共同站在一线，放大员工的自主性，激励员工自主工作热情和能力。

（5）规范合伙加盟条件。明确合伙加盟者的定位，确定业务的侧重点；协商利益分配条件，按照技术和难度，原则上在 5∶5 基础上讨论进退协议；确定支持政策，要在市场品牌推广、运营检查、员工辅导培训、技术扶持等方面予以支持。

6. 打造店铺标杆的要点

（1）在招商选品方面提出特性化需求，争取授权到位，从产品组合方面树立差异化口碑，为确定市场区域优势打下基础。

（2）营销组合，贴近社区或在线目标顾客群，突出重点资源优势，比如社区上门定制服务内容的差异优势。

（3）拉开差距，策划营造差异化的文化营销主题，与店铺经营的商品或者服务内容紧密相关，间接转化客户资源，与特色化合作方一道，打造差异化服务标杆项目。

7. 即时零售的运营要点

（1）明确即时零售的含义，即线上下单、店铺分拣打包、快递配送到位的一对一零售服务模式，运用数字化分配工具和配送机制，升级传统零售模式。

（2）优化顾客接触窗口，面对线下、线上顾客的应对窗口，优化营销要素组合、简化促销政策设计，让顾客看得清楚、用得方便。同时，根据顾客选择下单商品特点，反向推动店铺采购招商、选品组合不断升级改进，跟进和满足新的消费趋势。这是即时零售模式揭开的实体店经营结构隐存的风险课题，很多实体店认为在线购买拉走了客流，其实是暴露了实体店铺缺乏可买商品的窘境。

（3）后台订单处理和提供、反馈处理方式要明确，让顾客能够快速查询、辨识承诺内容和反馈解决程序等相关信息，放心利用。

（4）提供定制化配送机制，约定快递机构上门送货、配货、取件，完成专项定制服务。对于上门取件要安排优先秩序，约定接单时效，规范风险理赔制度，明确风险等级及相应处置方法，从而明确服务质量指标，包括订单分配、距离选择、渠道资源触达、上门接触服务等环节和场景，规划不同的服务程序，不仅让顾客一次性消费放心，还要让顾客感受服务专业和用心，为建立持续服务关系打下基础。

相关案例

某企业负责人老李乘坐高铁下车以后，联系预订网约车，按一般约定要到网约车候车区，但是，这位司机提前来到接站口，主动联系老李，并帮助拉箱子，问老李是否需要打火机，暗示如果想抽烟，可以提供协助服务。老李很高兴接受他的服务。

乘车过程中，老李问道："听说有的网约车没有站点接客的资质，不能到指定区域接客人，只能把车放在其他区域，亲自进站接客人，你是不是这种情况？"这位司机纠正说："我是有资质的，您也看到了，我的车就停在网约车指定区，我是觉得大家都不容易，到一个地方路线不熟悉，不好找停车区，就赶过来接客人。"

到达目的地之后，这位司机又帮助老李把行李送到酒店门里，等待老李办完登记住房，确定安全，才挥手告别。

老李说，从此以后，他每次乘车或者乘机到此地，都会联系这位网约车司机。

2.6 执行财务规定

2.6.1 执行收银政策

1. 严格执行收银政策

认真落实、严格执行店铺和公司规定的收银政策，遇到节假日等短期促销活动时，要在贯彻宣讲的同时，编制简单的作业指导书，确保不同班次、不同专业能力的员工能够规范化操作，严格执行公司对于票据管理的要求，达到规定质量指标。

2. 确保系统运营安全可靠

及时检查维护门店各部门、门店和企业总部信息系统的链接，做好各种预案，包括利用手机应急转移处理方法、手工收银相关程序、票据转移安全程序等，避免出现断网、死机、信号不稳、数据混乱等问题时手足无措。

3. 规范线上收银政策

制定明确的线上收银渠道及政策，包括员工手机收银、各类接待窗口政策、解决问题政策等，操作方法要保持一致，要与品牌合作方的收银系统互相打通，后台监控和核算系统互相沟通要安全友好、互相信任，避免出现“跑单”等违规违纪问题。

4. 明确多渠道监管政策

规范采购进货、代收代付站点、直播选品、跨柜销售等渠道营销中的财务及收银核算机制，编制具体分佣合作协议，在确保服务机制准确、快速、安全的同时，提高营销效率。

2.6.2 确保财物安全

1. 规范运营机制

一是完善机制，现有信息系统的运营维护，随时监测，及时发现风险，在时间允许前提下，经过申报反馈，快速纠错处理。确保收银数据准确、消费数据互相分享，避免私收、丢失、被欺诈等。

二是及时补救，对于工作精细、准确发现系统安全风险，及时处置解决的员工要予以表彰，同时将其发现的问题和处理方法，形成规范作业指导书，与相关部门分享。

2. 确保商品安全

一是准确识别风险，包括进出库操作风险，水灾、火灾、雨雪灾等自然风险，盗窃等治安风险，运输过程意外风险，进出货扫码风险，销售过程记账失误风险等。

二是建立规避风险方法或者预案，在出现问题之前明确预防检查方法，出现风险以后明确解决补救方法。

3. 明确维护监督重点

一是划分重点，确定维护商品安全的任务要点，包括运营过程中库存完整、展示陈列安全规范，食品进货时新鲜资质有效等；商品周转规范，精准确认动态数据，及时调拨积压或短缺商品，防止丢掉销售机会。

二是配备重点区域监控技术设备，人防和技防结合，留下检查记录和技术摄像证据，便于后期保险等机构追溯解决，减少企业损失。

4. 规范盘点管理

一是明确盘点方法，包括日盘点、周间盘点、月度盘点等。采用手工、机械、人工智能等不同技术手段参与盘点。

二是明确盘点规则，确保真实准确，杜绝造假；确保完整互证，即盘点分工责任清晰、过程记录资料账实完整准确；复盘方法科学有效；前后程序互证，签字归档完整有效。

三是明确盘点五步骤：第一步盘前准备，做好存货整理，商品架存整理；第二步初盘，做好盘点分工，盘前培训，组织分工盘点实施；第三步复盘，对于初盘数据导入，做好差异表的规则、复盘方法，做好复盘数据评估导入；第四步复盘评估，将盘点差异表格核对准确，核查评估数据，修正导入并确定签字；第五步完成盘点，做好盘点报表，上报盘点结果报告。

2.7 促进融合发展

2.7.1 执行总体计划

1. 执行公司计划任务

一是明确公司下达的数字化工作定义，同时要学习数字化市场技术发展趋势，保持与市场同步学习节奏，准确执行公司总部的数字化营销方案，包括利用 App、小程序等营销工具开展服务营销活动，并及时进行总结。

二是能够分解公司数字化营销任务，编制店铺执行方案，明确完成数字化营销任务的思路，包括分解指标、组织员工培训，讲解并转化为实际工作行动，促进店铺的服务营销业绩。

三是执行公司或地方相关部门布置安排的联合服务活动，例如节假日市集会展、亲民服务等，如期完成规定任务。

2. 联合供应方拓展营销

一是与店铺业务相关方携手策划，在现有的服务内容基础上，开展增值服务项目，比如衣物售后洗护、食品辅助加工、茶道现场表演等，增加店铺人气，提高服务营销效率。

二是发起群体策划，组织跨柜营销，与不同类型的合作方洽商，调动员工的积极性，开展跨柜在线直播等服务营销项目，通过激励分佣、分享会员、协同服务内容组合等方法，激励员工活力，增加服务附加值，吸引新的顾客群体。

3. 执行新的经营战略

一是执行企业市场发展战略，市场开发战略是由现有产品和新目标市场组合的开发布局策略，简单理解是用现有产品开辟新的市场，发展新顾客群，需要在市场营销方面具有更多的开拓勇气。

二是明确品牌战略方法，突出产品特性焦点，如一个百货店，是聚焦开设百货店企业本身声誉，还是聚焦百货店商号聚集的文化特性，包括品牌化决策方法、品牌产品运营方法、大众对品牌口碑焦点、品牌与产品延伸规划、品牌管理升级规划、品牌发展愿景等六个方面。

2.7.2 推进渠道融合

1. 开展跨渠道服务合作

一是熟悉现有合作方合同管理机制，特别是服务内容采购要点，包括采购政策、运输政策、更新政策、风险控制政策等，依据合同改进服务内容的组合和供应节奏，提高库存管理效率，进而提高店铺营销效率。

二是明确供应链管理的要点，包括合同约定常规条件、社会责任要点、库存周转管理要点、资金结算要点、服务内容资质检查、服务内容更新监督检查等。

三是与行业主管协会、综合商业体的相关合作方协商，与其他实体店铺或者网络经营者合作，共同策划节庆日营销活动，分享资源，增加客流，提高销售业绩。

2. 开展关系营销

一是明确关系营销含义。开展互动营销，将自己的身份转变为顾客的某种合作关系对象，不是单纯的商业交易买卖关系，建立与客户的信任关系。

二是洞察和了解客户的社会属性特征，包括社会角色、家庭关系、个人偏好等。了解客户社会角色的特征，能够更好地提供对应社会角色身份的服务内容。

三是分析和把握客户消费特性的变化和弹性。客户的社会角色和个性特征决定其需求的差异化，消费的节奏、额度、商品类型、档次，定制化的特点会有很多特定的要求，因此，把握客户个性化的需求特征，仔细沟通、洽谈，可以更具体地把握客户的消费节点，准确提供客户需要的服务内容。

四是建立客户满意调查和回馈机制。不断强化与客户的关系，要从简单的聊天调查，升级到规范的需求数据分析，从商业服务关系演变为社会角色合作分享关系，延伸出新的营销价值，增加客户的社会价值，同时也为本企业带来新的价值。

3. 开展社区服务营销

一是明确企业社会责任含义，包括对员工权益和福利的责任、对股东及债权人的责任、对大众和客户的安全质量责任、对社会慈善公益的推进责任、对自然环境和资源的保护责任等。

二是与邻近的大院区域、社区街道洽商，共同讨论店铺工作缺陷（见图 2-2），共同策划阶段性的系列化民俗性文化活动，利用这种沉浸式社区共建策划过程，扭转店铺单纯商业经营的形象，具体活动包括但不限于可回收品处理，快剪（快速理发）、洗染等民生服务，庭院美化保洁等。

三是结合店铺现有的服务内容资源，主动策划与区域特色文化相关的主题活动，走进邻近大院社区、走进特色化居住区和社会服务单位，提供复合化服务。

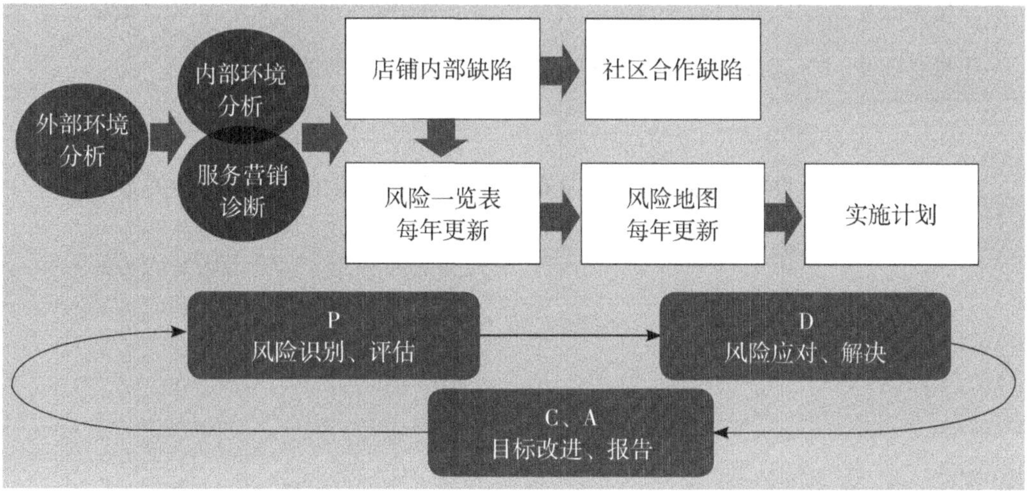

图 2-2　店铺风险及缺陷分析

相关案例

某家政企业 C 经理按约定时间到别墅区某顾客家中拆卸窗帘准备带回清洗。顾客见面以后发现不是前一次提供服务的人，就不太高兴。沟通过程中 C 经理表达不到位，顾客发火说："我不认识你们，回去叫上次来的人吧！"C 经理只好带伙伴出来了。回来路上开车走了大约 10 分钟，顾客又打电话说："你们回来吧，叫别人更浪费我时间。”于是C经理又回去了。

C经理明白这位顾客气势很盛，就微笑沟通，细致服务，预订事情做好以后，又帮助修理了卫生间的设施配件、免费清洗厨具。顾客的表情慢慢由审视不搭理，变成热情打招呼，还拿出水果招待，临分别时，主动在会员卡充值10000元。

C经理记得这位顾客以往每次充值1000元，还间隔几个月不用一次。于是，主动询问顾客："您为什么充值了还不及时使用呢？"顾客回答说："你们服务质量不稳定，我经常用其他店铺服务。"C经理详细了解顾客的需求特点以后，与顾客协商了具体服务方法和服务质量标准。

从那以后，C经理定期和这位顾客联系，亲自提供服务，同时免费提供相关房屋内外和庭院绿植的修补、改装等附加服务，甚至还提供疏通修理上下水通路、辅助搬家打包等服务菜单以外的服务项目。这位顾客对C经理的服务非常满意，此后几乎每个月都有消费，而且每次消费都在5000元左右，成为公司高端会员。

这个案例说明，只要用心，就可以从简单服务关系，转化为共建共融关系。

第3章 中级店长要求

3.1 分析确定需求

3.1.1 组织市场调查

1. 明确需求调研的思路

（1）能够形成稳定的调研机制并监督执行。明确市场调查的工作小组成员、工作程序，形成新旧衔接、不断更新的服务产品创新建议书，推动产品组合与需求演变保持同步。

（2）设计确定阶段性调查分析重点。市场情况千变万化，通过阶段性计划部署，与过去的工作有效接续、提升，确定下一步调查工作重点，避免多头发散思考，抓不到调研重点方向。

（3）及时诊断内部服务产品。通过内外部调研提案，统一思想，达到诊断改进内部服务产品的目标。一般调查分析只是对外，缺乏对内部服务产品的组织诊断和评估，如果只是对外调查，调查结论与内部情况不容易结合，内部很难达成共识、转化为工作行动。可以结合内部实际情况对比分析，提高调查的说服力。

（4）及时学习把握相关政策法规。企业是否合规合法，需要有系统的遵纪守法思想，需求调查计划是起点，可以把相关政策法规纳入实际工作，促进和完善企业规范发展。

2. 需求调查组织的要点

（1）设计系统化样本问卷。组织全渠道不同层级的调查小组，专职兼职搭配，形成日常工作机制，在降低成本的同时，保持顾客反馈渠道畅通、稳定。

（2）建立调查机制。按照季度、年度，定期组织网络社区、现实商圈居民、不同类型会员的样本调查，举办专题座谈等联络活动，可以设计定制化方案，有效跟踪需求变化。

（3）组织集中评估。组织调研人员和相关业务负责人，分析评估调查获取的信息，对于典型或共性问题要提炼出来，做好分类分级，转化为工作方案。

（4）识别和预测需求。了解时段性需求从萌芽到形成时尚热点的发展规律，组织分析顾客需求潜在趋势，将识别的需求和期望调查对比评估，整理调改建议书。

3. 消费需求分类的要点

（1）消费需求是人的个性化生活观念转移表达，受本身收入影响，也受社会环境影响，基本包括必需的生活品需求、个性化选择需求、社会角色表达需求。

（2）从必需和选择两个层级看，必需品消费的特征是，满足生活基本需要，包括饮食、着装、安全、隔温等基础要素。传统商业中将此对应为吃、穿、用、戴四类。个性化选择品的特征是，在满足基本生活需求上，追求个性化趣味要素，增加生活中的情感体验，在特定环境下，可以为社会角色的表演活动增添附加价值。

个性化选择性需求中高级阶段是奢侈化需求，一则指对于个人而言，超出实际选择消费必要性；二则指消费的奢侈品品牌及消费数额，远远超出大众生活愿望。奢侈消费的重要特点是个性角色证明，因而在本质上不断追求稀缺性，用稀缺形成的差异特性，表达个人的卓尔不凡，这也是高端奢侈商业店铺主要利润点。

（3）从心理倾向性角度看，消费需求分为感性和理性两个倾向或者维度，感性方向的特征是体现个性偏好、追求新潮热点、临时冲动消费较多；理性方向的特征是关注品牌文化沉淀，重视素材质地、安全、款型，考察特性质量。两个倾向性往往很难分开，有时候或许是互相影响。在基本消费层级以上，决定消费者个性化购买行为的决定因素往往是感性冲动因素。

（4）从国际消费文化演变看，随着社会文化交汇化简，生命解析向简单化回归，消费会逐渐转型、个性化，在满足必需品消费以后，随着生活价值观念转变，出现奢侈消费、去化消费两个对立方向，重奢消费归于奢侈化贵族专享，去化消费是指简约化、无欲化，在精神层面追求淡泊、低欲、回归自然的一体化境界。

4. 消费需求认知和评价要点

（1）明确服务产品需求要点。分清楚满足大众化基本需求、满足少数特色需求的服务产品特点，辨识落伍的服务产品、与需求同步的服务产品、领先于需求的服务产品。

（2）明确服务场景的需求要点。分清服务场景要素的分类，包括颜色、音乐、光线、造型、主题与附加要素的组合等基本规则，规划服务场景要素组合与时尚需求的匹配方法，确定服务场景更新的周期、成本控制方法，通过样本调查，征询顾客意见，不断改进服务场景。

（3）明确服务需求评估要点。这包括确定顾客价值评价维度、企业价值评价维度、时尚热点内容评价维度、流行元素组合评价维度。评价的目的是确定满足或者应对哪一部分需求，对于大众服务店铺，场景塑造要点在于适合或者适度超前，不是越豪华越好。评价过程中要避免行政化决策过程僵化、专业能力不足导致的摇摆、运营和执行无所适从的随意。

5. 调查报告的编写要点

（1）确保样本数据真实、有效。对于样本的选择和沟通过程，要保留真实记录素材。

（2）统计分析过程要协商，达成共识。在调查小组内部达成一致，形成共同意见。

（3）描述用语要简单、直观。为了便于转为工作应用，写作结构要简单、直观，分析推论要有调查依据，提出建议方向，少做定性结论。

（4）报告内容基本结构，包括四部分：①调查目的；②调查方法说明；③调查过程和主要结果；④改进的建议或具体方法。

（5）做好文档记录。将调查样本及分析过程、参加成员等列表签字，作为附录文件，提供给下一次调查参考。

6. 需求匹配程度的分析与评估要点

（1）从个别元素分析做起，分析是关注个别，评估是关注整合。将分散的分析结果和信息集合成为整体，对需求趋势进行归纳评价，得出结论，支持产品策划和改进。作为店铺的运营管理者，店长要具备综合分析与评估需求的能力。

（2）确定评估主题或对象。需要分析弄清楚店铺现有全部或者某一类产品与需求匹配的程度，员工的服务能力和目标客群需求的匹配程度，脱离店铺现有的服务产品供应能力，评估就会失去实际意义。在确定主题和对象之后，要确定基本评估公式或者模型工具，不能简单凭借经验下结论。

（3）分级分类评估。可以利用数字化技术工具，提高分析精细度。需求匹配评估要拉开层级差距，把店铺产品按照不同类型，分出产出价值级别，将没有产出或者产出很低的僵尸产品识别出来，分门别类进行描述，结合调查的结论，为具体调改提供可操作性的建议和结论，包括产品调改替换建议、更新频度建议等管理方法。

（4）调查结论可以应用。如图 3–1 所示，调查发现问题、解决问题前后相继，组织调查是发现问题、提出解决问题方案的开始环节，同时也是对前一次调查提出的建议落实情况的反馈、复盘。如果说店铺质量管理到位，那么，首先是这个起始环节的管理质量过硬。它是真正为了解决问题，让店铺更好地生存下去，而不是做表面作业。

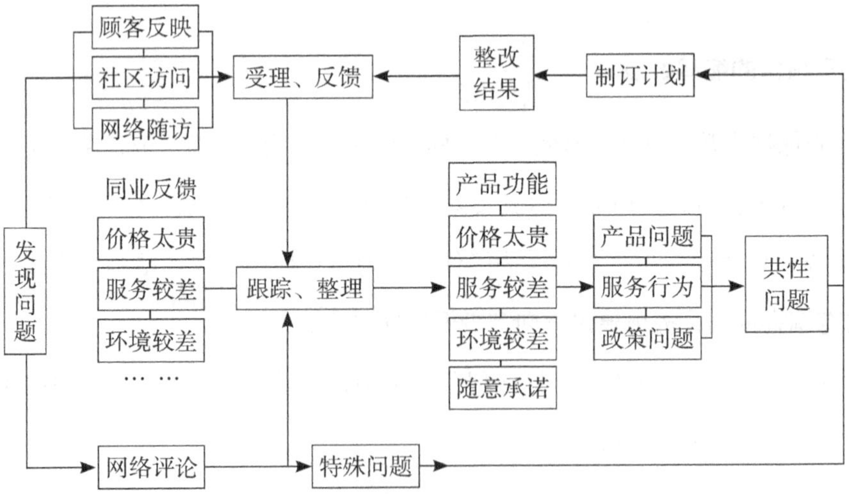

图 3–1　调查发现问题、解决问题程序

切忌出现以下问题：①交完调查报告就结束，没有后续转化应用讨论；②过度评估调查报告，认定报告没用，认定报告别有用心，认定没条件调改等；③夸大调查报告作用，脱离店铺实际调改需求，例如需要调改两个楼层、三种产品，结果按照决策者的主观意愿全面调改，导致顾客对调改以后的店铺形象不认可。

3.1.2 提出应对方案

1. 归纳目标客群需求要点

要针对调查过程中带有集中的倾向性的需求问题，归纳提出结论。

一是提出店铺经营项目存在的问题，重点是顾客有需求、店铺无法满足的项目，还有顾客明确提出希望增加或减少、改变的项目，进一步讨论背后的动因。

二是提出设备设施中存在的不足或缺陷，特别是顾客希望增加或完善的场景休闲、使用功能、体验互动等辅助性服务设备设施。

三是提出团队员工自身服务问题，包括个人仪容仪表、服务态度、服务技能、应变转化以及部门之间的协作效率等方面存在的问题。

2. 需求分析传递落实的要点

一是将顾客需求分析的结论归类梳理，形成初步结论，并有真实的数据支持，形成可信度较高的分析结论。

二是采用相关部门经理专题小组分享会形式，分析讨论并确定结论，形成小组共识，为进一步向高层传播汇报，改进经营方法，甚至更新经营理念打下基础。

三是在主要的服务及营销部门全员中宣贯讲解，达成共识，改进部门作业指导书，促进调查结论转变成工作项目及任务。

四是派出代表在公司中层经理会议上，发布店铺、商圈甚至几个商圈联动的顾客需求动态分析，通过分享传播，形成公司在定位区域的经营产品调整的依据。

3. 转化形成新的工作提案

一是结合调查数据功能和个性化分析能力，提出 2 ~ 3 年改进建议，包括具体的产品调改提案，在授权范围内组织实施。

二是结合店铺所在社区商圈或店中店布局规划的特定环境，提出局部的具体调改建议，经过审批以后，组织落实到位，并定期验证需求调查的反馈效果。

三是提出的应对解决提案，要注意：①提案范围限于店铺内部，涵盖顾客经常利用的服务项目，既可以指向商品或者服务内容及其营销推广方法，也可以指向员工的服务过程质量、流程效率，比如结合需求改进服务质量检查方法，提出的内容要尽量具体、可视化，如推荐商品的类型、款型、颜色、口味、价格、原料来源、品牌合作方等；②要结合市场环境变化、结合线上线下目标客群消费热点转移分散的动态，结合本店的技术应用水平，提出合理的建议方案。

3.2 监督现场运营

3.2.1 提出运营需求

1. 能够梳理服务营销脉络

一是按照上级规定和店铺制度，实施顾客需求调查、满意度调查，掌握公司总部对店铺的定位方向，熟悉店铺目标客群和基本服务产品组合匹配程度，熟悉和把握店铺布局调改要点、提炼和提升店铺特性化布局改造效率，将定位和布局结合起来，通过调查和顾客反馈，评价日常运营和营销活动的实施结果。

二是依据现有销售渠道、窗口，向顾客提前提供营销资讯，包括店外、主入口、分享空间的主题看板，在线 App 窗口信息更新等，坚持每周更新，紧密跟踪顾客的选择变化。

三是及时接收商品更新信息，熟悉渠道触达方案，跟踪顾客需求满足反馈方面的信息，及时评估研判，调整订单或定制服务方法，如选品方法、包装方法、送货交付方法等，与相关方及时沟通，督促或协商解决顾客提出的问题。

四是优化交易付款窗口服务质量，主动引导，包括收款方式和填写小票收据、发票的要求等，约定的相关金融信用证券、优惠政策的使用等信息，准确识别错误信息，并予以修正。

五是适时向供应链相关方、配送第三方等机构传递转移订单信息，确认信息和商品状态精准匹配，及时制作加工顾客购买或者利用的服务内容，同步安排储运、配送，直到交付、到达验证、反馈结算。

六是对于商品或者服务内容的传达、转运、安装及使用说明，要和顾客充分交流，提供演示示范，帮助顾客熟练掌握产品的性能和应用技巧，将服务送到顾客手里、心里。

七是确认售后服务全程要素的执行质量，包括但不限于配送讲解、安装调试、修理维护、系统升级、信息变更、保养更换、退换货处置、疑难客诉问题处理等。

2. 明确服务流程的要点

一是明确本店铺及店长岗位的重点任务，店铺特有的程序要求，店长具有的授权内容，自主处理的项目和相应手续、票据、执行边界。

二是明确与相关部门合作的主要流程，明确必须做哪些事情、做到什么程度，哪些事情可以通报协商解决，哪些事情不许操作等，具体指标包括时限要求、金额要求、数量要求、质量要求、合作范围要求、检查反馈要求等。

三是明确重点工作的进度，与相关部门的合作关系，与外部协作单位的合作关系，把握策划项目执行流程的全貌，能够抓住执行质量风险点、时限关键点。

四是能够识别和协助改进流程关系，对于本店铺独立策划推进的工作，要利用相关机制发现风险，识别执行过程中的不足和缺陷，在适当条件下改进和完善，确保安全；如图 3-2 所示，对于参与协作的业务项目流程，首先要积极配合，完成本职工作任务，一旦发现并确定存在不足和缺陷以后，要尽量分析验证，通过友好协商方式，协助主管部门改进流程。

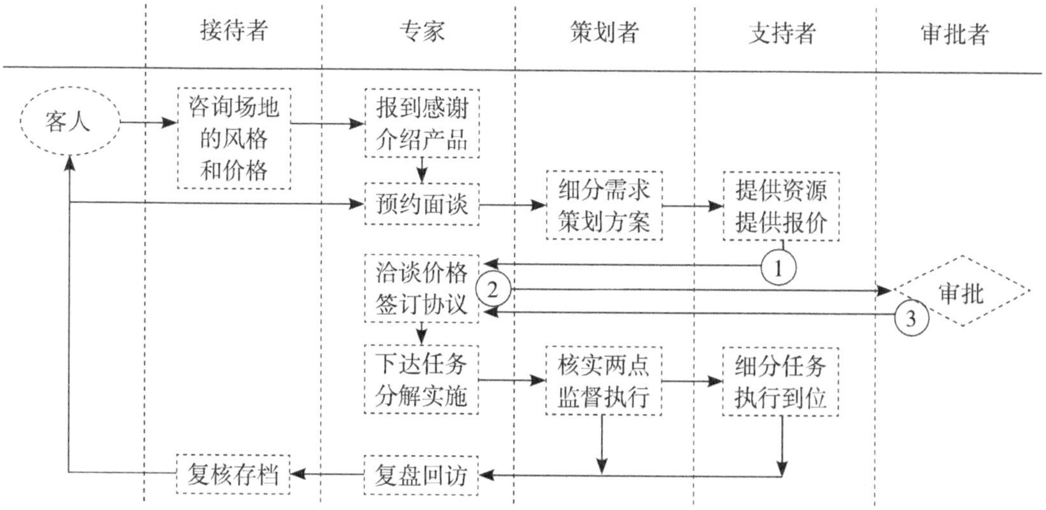

图 3-2 定制服务流程图要点

3.2.2 落实运营指标

1. 明确上级下达的任务指标

一是明确指标属性，分析上级下达的必保运营指标，对强调的关键指标要加深理解。结合店铺特点，归纳提出本店铺可以自行策划的指标。

二是分析影响因素，结合市场政策变化和社区需求变化，将不同类型指标的影响因素识别、查找出来，充分估计完成指标的可能性，做好执行策划。

2. 讨论评估指标价值

一是分析指标价值，对于年度运营指标，要结合前期目标执行质量进行对比分析，对新的指标的重要程度、执行难度、绩效价值进行分析，做到心中有数。

二是强化重点指标执行措施，包括人力、技术、资源挖掘等，为实现重点指标提供条件。对于实施差距很大、难以完成的指标，要作出客观理性分析，提出努力的方向和条件。

3. 具体分解落实指标

一是编制指标分工落实表，用不同方式分解到部门、岗位，到月、到周甚至到每一天。独立性较强的店铺要发挥店内二级部门的主动作用，调动全员积极性。

二是编制指标进度监控表，将经营销售类、安全保障类、服务协作类指标责任落实到部门、岗位，关键业务开发指标要落实到开发小组和每个人，通过进度监控表，把握总体工作动态。

4. 设定完成目标的区间

一是用低、中、高三种区间划分，低层是确保完成指标限度，或者叫最低确保指标；中层是应该完成的平均指标，结合环境变化，经过大家协作，可以实现的追求目标；高层是争取努力的可能指标，经过大家创新营销，有可能达到的目标。

二是确定不同区间绩效系数，向全员说明不同区间指标的绩效系数，做到政策透明、实施可控。

5. 分解确定质量指标

一是确定质量指标，包括现场安全质量指标，如确保年度安全零事故、零风险。服务产品素材规格指标，如商品素材不合格检出数量不超过 10 件次。价格折扣误差指标，如价格政策引发质疑或客诉数量不超过 20 次。配送交付时限指标，如委托配送交付守约率达到 95%。顾客反馈、客诉、满意指标，如顾客反馈回复 100%，客诉办结率 95%，顾客满意度与上年度的 85% 持平。

二是要确保重点特性化项目的质量指标，对外发布的指标要数量化，日常运营工作的质量指标可以保持与以往持平的水平。

3.2.3 检查改进服务

1. 完善检查改进机制

一是建立收集、检查问题的机制。通过不同渠道和方式，及时发现现场发生的各种问题，包括商品动销问题、货架展示陈列问题、信息不统一问题、场景不美观问题、员工状态问题。

二是及时协商提出处理方法。发生问题时，要结合企业以及门店原有的管理制度，针对不同部门、不同类型的问题，提出改进处理意见。如果发生的问题无法准确适用原有的规章制度，则要结合实际情况，及时协商，提出解决办法，在第一时间消除风险。

三是划分店铺区域价值系数。根据店铺不同区域、不同品类的特点，观察顾客光顾频次的变化，调整各个区域价值系数，对顾客光顾触达、询问选择、利用购买的情况进行定向评估，激励价值较高的区域，及时检查价值较低的区域的产品及员工，直至提出更新、调改的建议报告。

四是针对店铺突发的服务事故，要在第一时间确认事实，与受伤害的人或单位保持快速、密切沟通，向公众承认事实并表示道歉，结合公司和门店的规章制度，与受害人协商，作出快速处理，展示对社会负责的信用和态度。

2. 检查记录的要点

一是按照标准化格式，监督编制文件编码，明确责任人、小组成员、检查记录分析要点。

二是按不同业态、业种服务产品特性，分别编制检查项目、确定具体指标。大型商业服务设施的经营范围包括多种业态、业种的专门店，要分开制定不同的检查表单工具。

三是适当减少综合检查频次，突出现场检查的时效和便利，要抓重点指标运营质量，避免过分关注非经营性的细枝末节，干扰服务现场的体验和购买行为。

四是执行水平差异较大的项目，要调整评价权重系数，对于带有成熟品牌特性的项目，或者专业化程度较高、顾客要求精细的项目，可以采用较高的权重分值，与其他常规项目区别开，用打造品牌质量的标准，提出专项指标，匹配较高的绩效系数。

五是对于表扬或批评内容，要专项记录。如表 3–1 所示，检查表要留出辅助栏，记录特定的现象，特别是值得表扬或者应该批评甚至处罚的现象，要让值班经理或者当事人签字确认。

表 3–1　日常现场服务检查表

编号：A–1–201　检查者：服务管理部　时间：2024 年 1 月 1 日			
序号	检查要点		打分（1 3 5 7 9）
1	员工行为	礼仪形态规范化	
2		服务过程情感化	
3		服务过程业务效率	
4	服务产品	组合更新的鲜度及记录	
5		标签资质溯源证照及记录	
6		顾客利用或购买状态记录	
7	服务场景	看板内容更新完整有效	
8		道具元素安全卫生有序	
9	场景安全	电器、燃气设备规范化	
10		消防通道及设备规范化	
辅助栏	事实：		建议：
检查人员：			被检查部门确认：

3. 日常检查注意要点

（1）定期优化《店铺运营手册》。将日常检查与规范化作业程序结合，结合季节因素调整检查范围和内容，在约定的范围内检查，确保检查重点突出，有的放矢，便于解决问题。

（2）始终关注安全和效率。及时发现风险及时处理。如果发现有突出的问题和风险，要及时纳入检查范围，进行诊断排查，一般问题要立即提出改进措施，解决问题，严重时要快速上报主管部门，协调处理。

（3）适当调整检查方式。可以采用暗访和巡视结合方式，不管哪种方式，在检查之前都要向员工说明，尊重员工的知情权。暗访可以邀请外部人士，通过相对客观的标准，有利于维持日常服务质量水平。巡视可以让员工直接参与，接受检查的服务瑕疵，避免员工有心理隔阂。

（4）检查过后要形成小结。要对现场员工进行反馈，发现好的做法要立即表扬、奖励，发现问题要立即督促整改，提出改进方向。过一段时间要回头检查前次发生的问题是如何改进的，改进以后的状态如何。

4. 及时激励，提升服务质量的要点

（1）明确激励的含义。借鉴心理学理论的激励含义，包括正面的表扬和奖励，也包括反面的批评和处罚，将批评和处罚及时转化为积极的力量，与塑造服务竞争力结合起来。所谓服务竞争力，就是打造“人无我有”的特色项目，凝聚人气。

（2）要以正面激励为主。服务质量检查过程中发现亮点要及时表扬，符合奖励标准的人物、做法，要在检查过后一周内进行反馈确认，执行表扬或者奖励，纳入动态标杆或者明星员工评比系列，评选每周、每个月的服务标兵或星级员工。

（3）发现问题要提出具体的解决方法。发现问题要先记录下来，不要在现场打断服务过程，影响员工情绪，离开现场以后邀请员工沟通，通过记录文件进行核对访谈，共同讨论，提出解决方法。

（4）对于特定范围、特殊岗位的作业风险，可以组织“举报挽救生命”活动，现场发现问题及时上报反馈，要将反馈中的方法、目的、奖励方法公示给全体员工，让大家时时留心店铺现场涉及人员身心健康、生命安全的作业风险，对于及时举报、消除重大隐患的行为，要及时提出奖励。

5. 质量监督检查执行要点

（1）质量规范培训。通过质量规范培训，在日常工作中完成下列步骤：自查自检记录；检查与业务进度联动；夜间等特殊值班期间检查登记；特殊工作内容安全检查。

（2）周间巡查交流。每周小结会，要当面交流，重点帮扶整改；通过经理督导、公示整改进度；组织店铺项目交叉观摩，互相促进；推荐品类项目标杆示范巡讲。

（3）注意检查结果转化。改进内容转化为培训提纲；转变为新的现场管理观念；将外部巡店考察结果，复盘转化为本店工作行动。

（4）规范外出考察学习要点。关注目标包括公共区域场景、员工服务姿态、服务设施项目、收银便捷手段、场景媒体传播规范化。改进程序包括树立改进意识、寻找具体差别、思考改进方法、选择转化实验、具体实施改进，并对效果作出评价。

6. 明确综合检查项目

（1）场景环境：清洁清新舒适；整理整顿到位；借鉴转化落地。

（2）质量管理：商品内容合规；鲜度记录准确；证照台账规范。

（3）设备设施：运营状态正常；冷热效果适合；记录台账齐全。

（4）经费记录：安全节电有效；设备维护及时；费用支出合理。

（5）人员状态：仪容仪表得体；举止动态活跃；行动效果可查。

（6）安全状态：消防设备完好；能源检查及时；场景秩序可控。

3.3 策划推广营销

3.3.1 执行总体方案

1. 合理分解目标任务

一是要结合天气、季节、节庆日等时段变化，寻找基本的应季、应景商品组合，形成营销基础结构，保证时令性商品出现在急需的顾客面前。

二是根据流行话题变化、网络口碑形成的热点，关注相关品类商品的选品和组合，同基本商品进行关联搭配，也可以跨品类组合成为一个新颖的生活方式话题。

三是结合公司总部的营销政策，确定全渠道营销制度和方法，明确线上、线下服务内容的区别、价格政策、质量控制方法，争取授权，协商优化商品组合，探索数字化营销。

四是结合社会节假日、区域民俗文化热点活动，策划专属一个客群的文化服务项目，同社区和相关单位合作，与内部供应资源合作，形成店内快闪区、店外市集区、社区展销系列活动，为社区公共生活带来新的风尚。

2. 能够及时把控营销管理周期

（1）制定小周期。一般以周二或者周三为节点，进行周期性小结管理；周三或者周四进行分级反馈整改，提出调改建议，并积极沟通；周四或者周五准备货源，并调整相关传播资源口径，迎接周五营销旺季、周六销售高峰；在周日销售延伸期间，开始筹备下一个环节的营销资源，同时准备周末销售小结；周日下午以及周一展示预告下一阶段营销主题，预告销售热点或服务项目，周一到周二准备调整到位，同时完成数据分析和小结。

（2）强化服务内容鲜度。营销周期管理重点是服务内容更新，包括节令商品、创新服务项目，用服务内容周期推动营销周期循环，通过环比、同比数据，确定店铺服务内容的性价比稳定提升。

3. 保证重点任务、重点时段的营销效果

一是要准确分析把握市场需求变化，在不同节假日、不同文化主题策划过程中，要对目标客群进行抽样调查、访谈了解需求动态。

二是要了解天气、气温、雨雪等自然条件变化，甚至对于温度和雨雪天气每一天、每一个时段的变化，都要作出精准的应对预案。

三是要对未来一个月的市场影响因素进行分析，包括经营政策、非经营社会动态因素、突发事件、新商品变化情况等，从而对未来一周、两周的营销情况进行调整，在供应渠道方面寻求合作支持。

四是关注合作的第三方平台数据，发现新的机会要准确作出调整。对于线上下单、线

下取货的模式，要对顾客下单反馈情况进行随时调查，把握消费热点变化，有针对性地分配商品或服务项目组合。

五是确定不同时段应变的热点商品，包括上午、下午不同时段的人群消费特点；平时和周末的主题商品调整；新推商品和折扣商品的搭配；跨品类商品及服务功能的组合策划；高毛利品和低毛利品的组合策划；准确掌握商品或服务项目的价值回报，提高交易效率。

4. 优化顾客接触点

（1）明确顾客接触点的含义，即从顾客端出发，接触到店铺各种要素的场景、触达窗口、服务内容。结合店铺规模、特色，确定本店铺的顾客接触点、管理方法。

（2）对不同渠道的顾客接触点，进行识别和分级、分类，对于重要的顾客接触点要安排重点关注，对其服务内容的质量要格外重视，同步提升相关岗位员工的绩效价值系数。

（3）顾客接触点的管理，是服务营销效率和服务质量管理的基本参照点，对于店铺的服务评价，主要方法就是选择代表性顾客接触点，进行定点观察、接触体验来实现。

（4）随着全渠道营销展开，顾客接触点的价值也在发生变化，比如传统收银台、卫生间、会员接待区都属于最高价值点，在全渠道营销和即时零售出现以后，员工智能化接触点、商品分拣转接台等场景已经成为最新的高价值接触点。

3.3.2 提出个性化营销策略

1. 跟踪把握个性化需求

一是利用数字化手段，细分客群需求类型，把握代表性顾客的需求特点，跟踪细分客群小组的需求特点，将总体顾客群体的需求划分为个性化单元。

二是分析店铺内部原因，调查分析店铺商品或者服务项目售卖的结构特点，分析推导出店铺热销品的结构，特别要关注冷门商品的特点，挖掘顾客不喜欢、不利用的原因，进而找到经营价值洼地，即冷僻区域或者项目，向商品专业部门提出改进需求。

三是确定目标客群的个性需求，定向邀约会员代表访谈，准确把握顾客对于本店铺商品或服务项目的评价，将顾客的细分、个性化需求汇总成为提案，提出调改解决思路。

四是在提供服务之前，通过询问沟通，了解顾客个性化的潜在愿望，包括商品组合需求、包装需求、服务过程需求、职业角色需求、个人情感需求等，提供相应解决方案。一次服务结束之后，通过售后访问，了解顾客后续的需求和个性化的愿望，通过协商，设定新的个性化服务方案，将一次营销转化为新的营销过程，构成环环相连的服务价值链，不断发现新的需求动机。

2. 提供一对一的服务

一是确定提供渠道，包括本公司网络平台、第三方网络平台、短期共享专项网络平台、团队私域网络圈层，构成多元化的沟通提供渠道。

二是建立完整的顾客身份信息，作为个性化服务基础，包括了解顾客生活方式及消费需求偏好并储存到备选库，建立推送、接待个性化窗口，便于快速选品、配送。

提供一对一服务，是全渠道营销的升级形式，从群体标配服务，升级到个性定制服务。

三是创新定制化服务，运用 VR 等智能化工具，提供生活角色演化而来的体验道具，由顾客选择，量身打造完全一对一个性化全景式体验方案，实现网络生活化全新体验。

四是提供预订的体验试用品，顾客选择购买之后，可以在一定期限免费退换一定比例商品，并将退换理由详细描述反馈，由此，逐渐积累个性化消费数据，细化一对一的个性化需求，真正实现由群体到个体的全新营销模式。

五是创新服务内容和实现方式，根本目标是创造新的顾客价值，按照卓越绩效的评价原理，更充分地调动每个员工的主动性，在现有条件中，实现最大的可能性。

3. 利用数据分析引导消费

一是针对一个或几个目标，提出数据化引导结果假设，基于顾客对产品或服务项目兴趣并想利用或购买的愿望，引导他们的认知，邀请目标顾客参与讨论，确认消费态度。

二是通过媒体定向投送传播内容，观察潜在顾客或现有顾客如何改变认知、选择行为，及时记录行为轨迹。特别是要抓住顾客改变行为的机会点，是哪些引导性的关键诱因措施发挥了作用，及时打上改变标签。

三是获取潜在顾客转化为有购买行为顾客的操作痕迹、购买数据，现有客户活跃行为的数据、再次购买利用的数据，并与企业内部假设目标和运营积累数据作比较分析，获取关键指标。

四是根据分析结果，公开数据对比验证结论，向内部相关部门沟通传递，强化相关方信心，并策划提出新的假设目标。

4. 运用数据分析结果，推进内部沟通

数字化营销的难点之一是内部协调难度大，相关部门不理解、不合作，造成提出的数字化营销方法无法落地。所以，基于数据分析提出的数字化解决方案，必须做好内部沟通。

一是面向负责数字化业务的高管、业务部门决策者，为他们提供数字化路线纲要，讲解关键数据分析结论的含义，让他们理解数据分析的价值，积极支持、作出决策。

二是为主管部门创建演示说明文件，应与总部负责人沟通，让他们充分了解特定范围的数据支持效果和预测效果，坚信数据预测分析的系统化方向。

三是为专业团队提供建议方法，包括公司内部信息系统的负责人、具体专业人员，也包括外部支持公司的业务人员，尽可能提供数据分析细节，以便于团队开发具体项目。

四是规划简便的可视化看板，描述整体路线图，让所有涉及的人员可以看到执行的进度、结果、效益验证方法。

5. 传播商品内容的要点

数字化营销依仗的渠道主要是网络，包括企业内部平台、员工搭建的微信圈等私域平台，或者第三方合作平台，在营销内容设计方面，要不断推出新的创意。

一是特色化属性，主要的与众不同的特点是什么，放在顾客必经之路，加强第一印象。

二是诚信介绍，包括商品溯源背景、素材风味、款型风格、适合人格、社会角色展现等，突出顾客购买或利用以后的价值和利益。

三是使用过程维护、储存保养、场景转移的注意事项，强调附加的延伸价值，让顾客放心使用。

四是与顾客沟通过程中涉及的服务内容，应有记录留存，包括场景、表情、目标达成

交易记录等，增强顾客的安全感，确保购买或利用以后没有后顾之忧。

五是利用数据化运营结果，形成商品价值评价报告，指出热卖品、滞销品，用于内部上传报告，督促更换卖不动的商品，推荐引入热门商品，建议商品主管部门，甚至公司高层管理者关注商品的动销效率，及时改进店铺商品结构。

6. 即时零售内容组合要素

一是人。跟踪分析顾客在实体店、网店评价利用本店商品和服务的动态；及时分析员工的技能操作、服务结果数据；及时把握外部快递员等合作方员工的动态数据，把握不同角色人员的行为特点，更好地应对顾客的需求。

二是货。把握供货合作方信息，根据供货资质、商品特色组织选品，提供到网络、实体店不同触达渠道；及时分析销售反馈数据，将应对需求的差距反馈给供应商或企业采购选品招商部门，有针对性地调改；结合店铺环境和市场变化，把握供货节奏，协商确定到店商品和产地在库商品的比重和上货节奏，确保不积压货、不断货、快进快出。

三是场。根据销售坪效，公正、有效地分配店铺场地资源，包括储备仓、品类集合仓、售卖区、展示表演区、分拣交货区等；确定多渠道触达拣货交接模式，以效率、安全为原则，不断提高服务效率。

四是时。关注服务时限，承诺约定的完成服务时间，是即时售卖或网络服务项目组成部分，是重要的服务质量评价指标，应不断优化承诺完成时限。包括在店等候、加工、运送、分装、宅配到达时间。如某些企业店铺承诺半小时送达到某个区域，提前预告顾客，还有 10 分钟配送到家，约定时限承诺的弹性，根据双方的协商来确定交付地点、时限，如遇到特殊情况交通不畅，或者出现意外情况如何调整等，要提前和顾客联系，避免出现服务事故。

7. 延伸服务营销的要点

一是公示预订服务菜单。根据服务创新能力和技能水平，对外公示预订的服务菜单，在常规服务项目之外，和顾客协商服务项目。

二是在完成预订的主题服务项目过程中，与顾客沟通，对服务内容、程序、时限等要素，提出新的修改，结合顾客提出的附加要求，联合相关资源，延伸形成新的服务元素。

三是在提供服务过程中，员工根据现场情况，临时提出策划创意，提出新的特色内容，如形象健康管理、服饰妆容搭配等，提出新的建议，延伸产生新的附加服务。

四是结合店铺服务内容特点，通过网络或店铺公示活动主题或者讨论话题，邀约顾客集中参与，按照参与解决的程度，转化为奖励性服务产品。

五是在提供配送到家服务场景下，进入顾客生活范围，观察访谈顾客家庭成员、居室布置等，提出新的策划建议，并与顾客协商形成定制化服务方案，如加装、改装设施，整理收纳，健康设备设施等。

六是定期拜访高端会员。按照不同的时间周期，在线约定、登门拜访高端会员，或者发送慰问信息，帮助疏解顾客的心理或生活困惑，关心顾客身心变化。

定制化拜访顾客的访谈过程，要做好规范的工作记录，并得到顾客确认。

相关案例

某餐饮企业A经理为一位商界著名客户提供上门定制餐饮服务。在服务过程中，听到在座一位王姓客人恰逢生日，A经理通过餐间简要访谈，了解王姓顾客的姓名及生日时间、属相，表达了温馨问候，随后立即通知公司总部客服经理，定制生日蛋糕和鲜花，并制作一只搪瓷杯，标注王姓客人姓名，在餐饮服务结束前送到该客户家中。A经理将生日蛋糕和鲜花、瓷杯送到王姓顾客面前，为他唱起生日祝福歌曲，说明送瓷杯是祝福顾客一辈子平安幸福的寓意。王姓顾客非常意外，当场感动落泪，并表示说，自己步入商场多年，从来没遇到这种服务，真的被震惊到了。另外几位客人也是由衷地感叹，并纷纷与A经理协商，订购该餐饮企业预付卡，预约后续公司相关的系列餐饮服务。

在后来一年多时间，A经理与这几位商界客人沟通，提供各类定制餐饮服务营业额达到数百万元，和几位客人建立了深厚的友谊，同时也为企业赢得了社会声誉。

3.4 优化客户关系

3.4.1 维护改进服务机制

1. 适时优化店铺服务机制

一是要明确服务改进的机制方法、要点与环节，即“五维规范”（服务内容、服务提供、运营协作、质量控制、改进评价），将服务与营销统筹为一体。

二是在有效执行规定的服务规范基础上，基于店铺个性化顾客需求，在保持服务基本水平的同时，策划提供高于顾客平均感受水平的服务内容。

具体内容涉及但不限于：接待、受理、服务内容组合；服务提供跟进、附加延伸、拓展功能内容；服务物理场景、情感沟通场景、虚拟网络场景的策划；服务完成验收、交易结算方式、陪护送别的程序和礼仪及话术；售后访问、维修、调改、拓展延伸服务内容等。

2. 适时引入数字化工具

一是能识别和判断引入数字化工具的运用场景，在授权范围内确定升级内容。

二是面向顾客提升营销效率，在服务内容提供、调配、应答等环节，引入数字化工具。包括服务内容提供的预告方法、展示方法、全渠道视频演示方法、专属民俗风格特色展现等。包括但不限于：提供服务的触达场景、顾客查询利用的氛围、利用数字化设施的便捷性等。

三是在内部运营环境升级方面，引入数字化管理手段，包括分享环境搭建、数据分享窗口授权、岗位排班、个人绩效记录等方面，实施运营体系升级改造。

3. 检查与监督服务过程

一是不断优化服务过程质量标尺，通过调查，在高于大部分顾客感知平均水平的基础上，建立顾客服务质量标尺，制定评价方法和实施方法。包括但不限于：服务提供内容的评价方法、控制检查标准和实施；对顾客复购及再利用的量化指标；对顾客抱怨或投诉的处置程序、质量指标；对风险预防措施的指标要求及实施方法。

二是规范运行检查行动，组织或者协调相关部门合作，包括但不限于：为落实相关部门法律法规及标准要求，制定的管理执行方法；组织协调服务过程中各种要素、各个部门之间的分工合作；服务营销推广活动的检查、顾客利用数据的收集；为了完成服务所需要的资源的调配规则；工作现场各种信息沟通及反馈效率的量化要求。

三是规范现场检查，保持服务质量稳定。从顾客视角审视现场全要素，对服务提供的过程和结果的有用性、有趣性、适宜性进行评价，如表 3–2 所示，可以结合顾客满意度调查、现场顾客访谈，对达不到平均要求的服务环节，及时调整改进。

表 3–2　店面服务利用感受调查表

项目	评价打分（1　3　5　7　9）
信赖性	1. 与服务员对话容易听懂，回复快速
	2. 服务员的说明明白易懂，不绕弯子
	3. 服务员的举止姿态自然诚实，不做作
	4. 服务员笑容和蔼自然，不虚伪
	5. 服务员呵护关照有加，不生僻
	6. 服务员专业知识充分，不说大话
便利性	7. 商品或者服务内容的位置，便于使用
	8. 商品或者服务内容介绍，容易看懂
	9. 办理手续环节简单，花费时间不多
	10. 寻找、进出停车场及交费很简单
	11. 无障碍设施连贯、好找、好用
安全性	12. 店铺外边环境舒适，清净安全
	13. 内部场景敞亮、通透性很好
	14. 保安防范设备设施完好，服务设施没有破损
	15. 公示个人信息的保护措施，并作出安全承诺
亲和性	16. 进出口的舒适性，地面平整
	17. 内部氛围装饰物温馨、有趣
	18. 导示、看板内容清楚，容易看懂
	19. 设备设施使用便捷、功能有效
	20. 电梯、卫生间环境清洁舒适，指引准确

3.4.2 反馈策划解决提案

1. 回收问题、策划提案

（1）收集各类运营问题。主要关注四个方面，即“四定”：①定价，价格政策的符合性、竞争性；②定量，店铺前置仓、货架展示陈列商品的基本数量、储备数量、周转数据；③定质，服务内容的质量标准、执行稳定程度，质量管理资质、溯源验证记录、安全及鲜度控制等；④定规，服务内容的款型、型号、规格与新的消费热点适配的程度，包括民俗化型号、区域、行业、国家不同等级标准，国际化规格文件及检查记录。

（2）检查服务内容的支持系统。主要包括八个部分：场景环境质量标准；能源消耗标准及结果；安全与应急执行标准及结果；员工职业健康标准及结果；财务收支管理标准及执行结果；设备设施及消耗用品标准与结果；人力绩效执行标准及绩效考核结果；合同招投标管理标准及执行规范性。

（3）对于运营项目的反馈改进。要兼顾前项涉及的两方面内容，通过日常运营检查记录数据，公正分析，提出有价值的改进设想和建议，必要时突破现有机制束缚，做创新型升级改造。完成改造以后，将结果向公众公示，邀请顾客体验践诺水平。

2. 协调跨部门投诉要点

（1）通过访谈弄清事实。主动协调、分清责任，为积极解决争议问题提供条件。

（2）确认涉及的部门。通过了解事实，按照职责确定涉及的部门和具体人。

（3）确认部门职责的依据。涉及的国际国内的法律法规；合作者之间的合同及协议；内部制度、会议记录的约定；司法部门鉴定的涉及争议物的状态。

（4）共同协商，提出解决提案，跟进解决。作为当事方代表或者参与者，要积极跟进事情解决进展情况，了解事情变化过程，推动事情友好解决。

（5）问题解决后要及时回访。约定回访时间地点，如表 3-3 所示，做好访谈记录，目的是消除隔阂，维护与客户关系。

表 3–3　顾客访谈记录表

基本情况	访谈地点： 具体时点：10:00—12:00　12:00—14:00　14:00—16:00　16:00—18:00　18:00—20:00　20:00—22:00 顾客特征：性别　男　女；年龄　30 岁以下　31 ~ 40 岁　41 ~ 50 岁　51 岁以上
谈话性质	对企业建议　体验描述　不良遭遇　提出意见　投诉　退换
具体内容	
每月汇总	
签字	

3. 挽回流失客户的要点

一是熟悉顾客消费价值感的偏差原理。如图 3–3 所示，顾客实际得到一份，如果没有附加服务项目，感知价值基本就是得到一份；如果实际失去一份，在没有及时干预的情况下，感知价值会翻倍放大，感觉失去两份，甚至更多。这个原理，是中高级顾客管理的必修课，在此基础上，可以更好地理解顾客跳转、流失的原因。

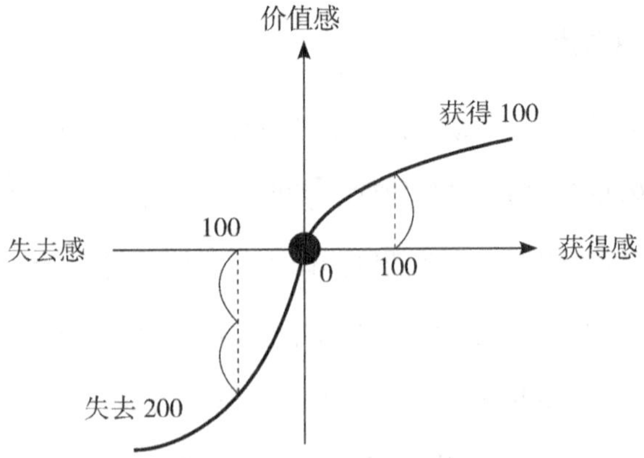

图 3–3　顾客价值感的偏差

二是保持沟通。在季节转换、企业重要的节庆日、社会节假日等时点，通过问候卡片、网络视频、微信短信、定制伴手礼等方式表达问候诚意，联络情感。

三是当企业或者店铺有新的服务内容、服务项目时要及时推介过去。介绍服务优惠政策，结合顾客具体需求，定制服务内容。通过创意、质量价格、服务范围、定制服务程度。

四是寻找和建立机会。上门面对面沟通，邀约主要负责人回访洽谈，寻找可能合作的机会和项目，确定新的相关合作项目。

五是在有条件合作的范围内，及时签署新的服务协议，升级服务产品。特别是为客户提供定制化的一揽子解决方案时，要让客户看到服务能力、服务质量，增强顾客的安全感和信任感。

相关案例

某洗染店铺，在 2019 年为某大客户提供服务，同时还有三家同类店铺为该客户提供服务。2019 年年底，解除服务协议，导致客户流失，年度损失销售额约为 120 万元。该店铺经过及时分析，确定专门联络人，保持与客户联络，及时问候、及时沟通，确保情感联络频度，在得知企业总部策划推出新的服务设备及相关服务项目以后，及时向该客户提供服务菜单，为表达诚意，提出免费安装、提供附加配件。新的服务内容赢得客户的信任，2021 年恢复订单，完成销售额 30 万元；2022 年完成销售额 70 万元，双方基本恢复合作；2023 年完成销售额 170 万元，超过 2019 年的业绩。

该服务补救案例成为企业及行业培训教材，受到企业总部及行业协会的表彰。

3.5 提升人力绩效

3.5.1 策划团队技能培训

1. 实施团队培训规划

一是执行公司规定的培训任务，结合店铺培训岗位特点，分解制定具体培训提纲，准确对应新上岗员工、在岗员工的技能知识和技能操作的需求。

二是讨论确定培训提纲，向主管部门以及合作方及时传递培训需求，联合实施培训。包括但不限于：确定教员，组建内部和外部师资队伍；确定主题，储备课件和实训道具，有针对性储备培训资源。

三是确定场所，选择确定店内或者店外、网络在线等培训场所，做好培训辅助性服务。在培训结束以后，要对培训内容传达、培训接受感受进行讨论评估，完成评价考核。

四是根据店铺或者部门业务的特点，自行组织业务训练或者培训。部门班组要按年度计划，组织常规在职轮训、新员工入职培训、专题特色培训、团队身心健康训练、特色晋级培训等。

2. 培训转化为操作行为

一是抽查三分之一学员代表，演示或讲述技能知识、技能实操要领，实际操练要点，检查学习接受的程度。

二是观察岗位工作实践，在具体岗位考察学习转化程度，特别要关注在新入职岗位和相对薄弱岗位的转化程度，对于转化效果优秀的员工予以激励。

三是观察顾客的利用反馈，在培训过程中传授的知识和实操要点，通过实际工作提供、展现在顾客服务过程中，收集顾客对于培训转化以后的服务反馈，促进员工的岗位成长，同时促进岗位培训的改进和调整。

3. 开发分级培训方案

一是开发分级培训方案。根据年度计划，设计和开发不同级别的培训教育产品，培训对象包括各个岗位的员工，也包括初级专柜等小型店的店长，培训内容包括经营目标分解、运营规则和方法解读、管理技术工具应用、实操技能互动演示等。培训之前要按计划组织备课会，集中评价培训方案。

作为中级、高级店长，必须具有开发、组织、编写、讲授或演示课程及技能的能力，指导初级店长以及其他员工消化学习。

二是教务组织落实检查。包括发送培训通知，安排场地、道具，并按照计划的地点、时间，按时展开授课培训，执行过程中要随时检查进度。培训结束以后要安排笔试、口试、开卷问答、现场技能测验等多种方式的考核评价，并纳入系统记录，作为员工晋级、调岗、调转等档案资料。

4. 组织竞聘，促进团队成长

（1）明确竞聘程序。做好前期调研，发布竞聘通知，通过适当方式宣讲解读，鼓励员工自愿填表，并可以组织后援团队聚集人气，经过资格审查以后，纳入备选组。

（2）组织展示竞聘。员工个人演讲，展示风采合计 3 分钟。评分组由部门 2 人、监管代表 2 人、专业代表 1 人组成，进行评价打分。得票在 51% 以上，初级竞赛胜出。

（3）组织交流沟通。公布初审结果以后，评分组进行面对面沟通交流，40 ~ 60 分钟。完成问答考核以后，填写评审通过表。

（4）上报竞聘考核结果。公司审批以后，按约定时限、职位分配上岗，由人力部门发文，明确企业信用。上岗履约时间在 3 ~ 6 个月，并通过看板向全体员工公示。

（5）竞聘程序警示。无论店铺还是企业总部，一定要遵守契约精神，避免竞聘结束以后合格员工没有被录用，预期岗位被决策人用别的名义顶替，这种行为打击员工信心，损害店铺信用，也破坏企业口碑。

3.5.2 制订绩效考核方案

1. 接收执行目标任务

一是执行计划，接受公司或上级部门下达的定岗定编计划，确定部门和岗位编制的基本任务、成本目标。

二是明确授权，分工合作，分析岗位的基本职能和特有职能，划分独立岗位项目和小组合作项目。

三是适当调整，按照店铺售卖内容和商圈特点，适当调整岗位任务和人员配比，降低成本，提高合作效率。

2. 每周组织检查

一是结合店铺专业特点，确定责任部门、责任人，可以是人力专员，也可以是财务专员，中大型店铺可以将人力、财务合并成为绩效管理部门，分工合作，按照细分目标，形成矩阵考核图表，推送到员工手机工作群，张贴在工作区墙面。

二是提前确定每周工作重点项目，做好每周工作日志记录，特别是业务岗位，要做好销售进度和巡检记录，及时上传系统平台。

三是定期交流业务进度，要将动态的业务表、图，通过每天晨会、周例会进行交流、分析，发现亮点在晨会上及时表彰分享；发现问题，要及时予以提示，结合实际予以处理。

3. 组织月度检查

一是每周检查汇总上报，积累数据分析结论，既要关注结果指标达成度，也要关注过程指标波动，比如换货及货损、客流变化、人工绩效变化指标。

二是月度总结激励，根据员工每周工作表现，推荐优秀标杆，通过专题绩效平台交流、奖励，并向其他岗位、部门推荐分享。与此同时，找出薄弱环节，提出调改建议并组织落实。

三是形成标准，将检查的问题纳入业务讨论，找出解决方法，稳定实施 3 个月以后，经过讨论，纳入标准化操作规程，完善和丰富店铺实操业务体系。

4. 优化师徒培养机制

（1）明确师徒机制适用条件。在前厅服务接待岗位工作满一年的熟练员工、在厨房等主要技能岗位工作两年以上的员工，工作表现稳定、认同企业文化、积极协助其他部门工作的，均有资格辅导新员工、培养徒弟。

（2）明确师徒机制的激励政策。新员工入职满两个月，入职考核合格，熟悉岗位工作，愿意留下继续工作的，对其师傅进行初级表彰；新员工入职满半年，晋级考核合格的，对其师傅进行连带升级奖励；员工工作满一年，岗位工作质量稳定，获得经理岗位晋级，且愿意签署带徒弟协议的，对其师傅进行成长连带奖励。

（3）组织专项训练营。对于本店铺所特有的服务特色，组织专项技能训练营，比如茶道、咖啡烘焙、地方风味、数字化操作、直播带货等，经过专项技能训练营考核合格的，要予以特别奖励和岗位优化。

5. 流程优化与再造要点

一是流程优化，是指在现有运营工作中，减少沟通、审核环节，强化新出现的关键控制点，提高流程运营效率，同时避免出现风险。

二是流程再造，是在现有运营基础上，针对陈腐、僵化的运营流程，重新构建授权关系、执行程序、审核要点，应对新的业务和营销要求，在尝试成功以后，淘汰原来的运营程序。

三是流程运营管理，代表企业或者店铺的管理文化，带有一定的传承习惯力量，因此不管是优化还是再造，都要经过很多周折甚至壁垒。流程管理改进的程序，应该是在店铺运营局部优化成熟以后提出建议，供公司总部决策选择。

3.6 执行财务规定

3.6.1 规范收银机制

1. 监督不同渠道收银质量

一是规范执行财务收银政策，确保严格准确，同时，监督信息系统运营安全，包括门店和企业后台财务控制系统与销售系统的链接、分享，销售报表核算等，确保规范、一致。

二是监督线上渠道收银系统的准确、安全，避免疏漏风险。线下和线上接待窗口政策、解决问题的方法、转移第三方平台支付和交易的政策说明，要保持准确、一致。

2. 明确票据流准确、真实

一是选品、采购、批次进货等接收货品金额、附加数据、票据、货品数量，库存销售动态与收银系统录入条码信息的对接、核实，要做到准确无误，为服务机制快速、准确达到提供基础数据条件。

受专业特点影响，有一部分店铺会设立代收点、代理站点等不完全店铺服务机制，这种类似店铺的商品、服务内容、财务收银系统的相关质量要格外关注，编制执行表单和监督机制，严格检查，避免服务风险和质量事故。

二是编制盘点报表和具体组织方法，包括库存、架存和动态数据处置，票据管理，将店铺流动资金安全性、财务法规和公司政策规定、相关合作方的商品动态结合起来，综合判断，提出盘点报告，为店铺和上级部门的安全运营提供即时数据支持。

3.6.2 编制并执行预算方案

1. 执行预算方案

一是执行公司部署，编制预算。兼顾业务和财务融合，坚持“四流”统一原则，确保预算执行稳定和安全，“四流”即合同流、发票流、资金流、物资流。

二是理性管理，规避税务风险。在多种复杂的业务合作中，财务管理要牢记证据链的完整和有效，面对法律和相关部门规范稽查，要能够提供真实、完整的证据票证，说明企业运行的合规、合法性。

2. 规范员工培训机制

一是抓好专项培训，重点培训财务管理、收银体系相关的员工，熟悉企业财务相关方的规范和法律要求，明确制度执行的边界，既要了解业务和服务程序，也要了解服务过程管理的重点，同时要能够提出解决问题的思路和方法，共同分享绩效业绩，避免出现在绩效数据方面弄虚作假。

二是提高员工绩效核算水平，从财务管理的角度将人工绩效变动系数，包括具体指标、项目变化，不断提高变动绩效的比例，降低固定薪酬的比例，加大激励员工力度。

变动绩效的根本是守约，履行与员工的承诺，激励员工的活力，将企业战略转化分解为个人营销单元，将员工个人的价值成长同企业整体的业绩增长紧密联系起来，推动整体业绩提升。

3.7 财物安全管理

3.7.1 维护财物安全

1. 建立检查机制

一是完善检查制度和标准，建立规范、适用的检查制度、标准，包括商品自身质量安全、服务内容运营支持性要素安全。

二是关注新增经营项目安全检查，比如儿童游艺滑梯，要确定安全质量指标、检查过程指标，通过企业和店铺之间的联合检查，反复确定检查标准的适用性，确保落实安全责任。

2. 控制运营过程安全

一是确定检查手段，提前准备预案。对于店铺运营和服务过程中容易出现的服务风险，比如突发治安事件等，做好应急解决方案，落实安全管理方法和预警机制。

二是关注处突演练。定期或不定期地举行处突演练，假想各种意外风险问题，预备处理方法，一旦出现问题可以及时解决，将顾客和店铺财物损失降到最低限度。

3. 强化系统安全

一是关注后台和前端系统网络安全，特别是安全监控、收银系统安全。随时跟踪数据动态，诊断系统预警信号状态，发现问题及时纠错，降低运营风险。

二是提高员工自觉性。维护安全生产环境要靠每个员工的自觉，对于在公司内部信息系统诊断方面及时发现风险漏洞并予以补救的员工，要及时予以奖励，并将其诊断方法分享给公司内部相关部门。

4. 每周组织安全培训

一是每天晨会要强调安全检查内容，通过每天提示培训，准确传递公司的安全质量管理思想和规范标准，并落实在每天的工作中。

二是关注阶段性重点任务，及时传达社会相关部门的安全生产要求，贯彻落实安全生产指标，及时检查记录，确保安全运行数据完整可靠。

3.7.2 监督物业安全

1. 设备设施安全

一是坚持巡检。店铺运营设备设施性能差异很大，除了水电气等基本设备管线及控制系统以外，还有专业所需的机械设备，比如烘烤箱、炖煮煎炸、熨烫、裁剪整形等，要根据特种设备设施的监管要求，签署委托服务协议，及时报备，严格落实安全检查机制。

二是按时检测。消防、压力等设备设施有规定的年检、相关特种设备特定的检测周期，要按时检测，确保合规合法运营。

2. 资源提供安全

一是严格检查服务内容供应渠道资质。鉴于不同业态、业种的差异，所需要的能源和相关资源差别很大，需要建立资源提供渠道、提供过程的资质检查机制，例如食品、进口化妆品等。

二是规范特种安全设备设施的检测。比如消防设备设施的检查，水电气供应管路检测、店铺备用发电设备、备用消防用品、逃生线路安全储备等。

3. 员工人身安全

一是关注员工活动区域安全，在员工就职和在岗期间，在员工生活住宿区域、公共沟通区域、业务操作区域、考勤打卡交接区域、业务转运提供区域等场景，要规划建立安全管理机制，制定相关的安全操作规范和作业指导书，并组织安全培训。

二是定期组织员工身心健康检查、健康安全专项培训，组织团建活动，维护员工身心安全。

3.8 促进融合发展

3.8.1 执行数字化方案

1. 明确数字化概念

一是明确数字化含义。数字化，是借助网络数字化、智能化技术工具，辅助店铺服务营销、运营，辅助管理决策活动，数字化的核心价值在于提高企业组织的守约质量和运营效率。

二是明确数字化顺序。不同规模、不同程度地服务店铺，对于数字化的需求判断，要参考急需、快捷、可视化的角度，一般是从顾客接触点，或者叫触达窗口入手，沿着接待推广、查询比较、沟通下单、配送跟踪提示的运行逻辑逐渐深入运用。

三是明确数字化的好处。通过 App、小程序、第三方数字化平台的介入，可以在店铺以外更大的市场空间获得顾客，分析和预测需求，通过顾客购买利用以后的感受，获得更多顾客的认同和复购，提升业绩和市场口碑，同时为企业内部搭建数字化平台、提高组织运营效率。

2. 主动开展数字化合作

一是执行公司总部安排的数字化合作项目，包括网络营销推广合作、与相关单位或社区街道分享合作，开展网络安全诊断、防止网络欺诈宣传等，落实数字化文化宣传计划。

二是主动寻找数字化合作机会，包括需求分析和供应商反馈由简到繁、由浅入深，逐步探索数字化应用的项目，在预算资源有限、授权有限的前提下，合规合法地开展数字化创新项目。

3. 运用数字化分析

一是根据数字化前期规划要求，定期或按要求提供基础分析报告，为商品采购选品、营销策划推广、人力绩效管理等职能部门提出建设性建议。

初期分析方向是，规范分析顾客资料，包括顾客所在区域、顾客相关个人信息、行为信息、消费信息等，确立存量分析和预测分析底层模型。

结合系统功能，可以用数字化工具分析顾客购买行为，采用简单的交叉聚类分析，用基础售卖交易数据，分析提炼可操作的执行结论，进而提出建议方案，包括更换服务产品、升级服务产品性价比、改进服务区域结构布局等。

二是专题分析，结合阶段性工作目标要求，针对时段性主题，从相关基础信息中寻找有价值的元素，进行汇总分析，提出目标任务要求的分析报告。

三是协作分析，店铺数字化运营资源归属公司统一调配使用，通过适配的渠道和窗口，面向公司有关部门及相关合作方开放，进行流程协作分析，提供辅助性建议或解决方案。

4. 提出评估建议

一是做好基础评估。定期对系统平台和工具进行诊断评估，在分析系统自身技术能力的同时，结合新的需求和相关管理方提出的要求，评价存在的薄弱环节，加以修正改进，或者系统升级。

二是逐渐拓展亮点。在分析过程中，对于技术转化和应用所形成的营销服务亮点，要进行延伸挖掘，策划设计新的升级版本目标，提出新的更有效率的方法，形成营销口碑或者标杆效应。

三是提出评估建议。结合营销任务达成率和顾客反馈要求，对售卖内容，包括商品及服务项目提出建设性的反馈方案，在协助改进过程中，通过营销手段配合，改善和优化售卖内容组合结构，同时引导和优化客群结构，提高运营效益。

3.8.2 加强融合发展

1. 规范融合营销机制

一是结合公司总部发展规划和店铺所在区域的消费特点，编制融合化营销规划，包括融合化营销方向、具体项目、开展节奏、费用规划、参与人员要求等。

二是激励员工自主成长，针对员工成长和团队发展的需求，策划多元化服务项目，从策划设计、过程跟进、绩效激励等方面鼓励员工成长，带动团队整体提升，与此同时，结合最新的市场需求和岗位规范化管理要求，编写制订员工、主管、店长助理分级培训方案，并组织落实。

2. 策划融合营销活动

一是关注店铺所在社区，策划融合营销活动，包括走进邻近的社区、主体化社群，比如养老院、青年公寓等，靠近目标客群，提供便捷服务内容，包括街道保洁、庭院整理收纳、资源回收处理等民生服务项目，传播和展示企业及店铺文化口碑。

二是策划跨区域合作项目，联合其他区域季节性资源或者特色化民族文化主题资源，综合策划服务营销内容，推出主题鲜明的服务内容和民族文化活动，比如推出蒙古族秋季土特产文化周，通过全渠道服务推广、定期更新服务内容菜单，适当加入民族舞蹈、草原风情歌曲，形成融合化社会文化产品。

组织社会融合营销活动，不仅是拉动社会人气，提高店铺本身的营销业绩和团队活力，更重要的是担当企业社会责任，促进社会可持续发展，将商业服务内容和社会公共发展的主题结合起来，推动社会进步。

相关案例

某社区综合商业店铺，与所在商业园区主体单位合作，策划红色文化会演活动，以纪念和传承红色文化基因、吸引凝聚社区客群、增加转化营销业绩为主线，在店铺外侧广场举办联合歌舞展演。

在 2021 年七一前夕，该店铺共组织近 30 家社区单位联合会演。展演活动持续一周，参演的演职员达到 1600 多人。在展演会场旁边搭建的近 200 平方米商业市集大棚，吸引了大量流动观众和顾客，有效地转化为营销业绩，一方面营造了店铺融合社区文化共建效应，另一方面也表达了店铺及所在企业承担区域及社区文化建设的愿望，受到区域主管部门的高度称赞。

第4章 高级店长要求

4.1 预测确定需求

4.1.1 分析需求类型

1. 服务内容与需求的差距

一是消费需求的无限延展变化的特性，决定了企业提供的商品以及服务项目等服务内容，与顾客消费满意之间始终存在差距。这个差距是企业需求调查的出发点，也是服务创新的基本动力。因为，一旦这个差距拉大，就意味着店铺的服务与需求脱节，或者叫作落后于需求，店铺也就失去市场存在感。

二是企业的改进和创新，是股东、员工、顾客共同的愿望。这些愿望的实现形式，是顾客数量增加、购买次数增加、企业效益和顾客感知获得共同的成长。也就是说，能否实现大家的愿望，主要来源于对顾客需求的把握应对水平，来源于店铺不断理解、转化顾客需求信息，形成“识别→反应→自新”的健康发展模式。如果不具备有效的市场化学习更新机制，就有可能陷入封闭管控、自我为尊、自我淘汰的旋涡。

2. 市场调研战略要点

（1）明确调查的目的和主题。企业高层在策划战略市场分析的时候，要明确调查连续性的主题、阶段性调查的目标，调改的任务预设、目标客群的结构调整预设等。

（2）确定调查机制和方法。从调查目的出发，确定调查的合作对象，是本企业独立组织展开，还是委托第三方相对专业的市场调查机构展开。确定合作机制以后，要进行充分沟通，确定合适的合作对象，对已有的合作对象需要定期评价、变更，避免合作僵化。一方面包括获得资料的路径和方法。一手资料通常是直接访问客户，进行实地问卷调查，由于情况复杂，结论变化较多；二手资料是收集相关部门、行业协会或竞争对手的资料，比如第三方大数据监控资料，稳定性较差。在应用过程中，两方面资料要结合互证。另一方面要确定规模范围，包括选择调查对象范围。根据服务、产品、渠道的特点，选择线上或者线下，或者全渠道调查。与此匹配，调查样本数量要适当，与调查主题大小、调查内容深度适配，确定样本数量。

（3）确定调查程序和日程。跨年度的战略调查的时限要相对稳定，一般为一个月左右。基本操作原则是：①要保证调查问卷经过评估，相对准确，不能弄虚作假，流于形式。②要按照时间进度，确保完成调查活动，保证时效性，节省费用。③要训练调查员，提高沟通技巧，规范访谈记录，提高执行标准化。

具体分为五个环节：①确定计划建议书，组建调查小组，根据样本数量的大小确定分组的数量，明确各组的负责人，并由专题主管负责人牵头，委托具体部门协调；②对确定的调查问卷进行定向分配，印制、分发；③做好日程规划、执行计划，对现场发现的新的问题及时讨论，提出解决建议；④进行数据汇总整理，形成表格、图片以及相关分段结论，撰写调查报告；⑤对报告中建议性结论做深入讨论，为转入执行策划环节做准备。

撰写报告的时候，可以通过具体案例提升归纳，成为企业通用的管理成果。

（4）调查过程的控制。大型市场需求调查的过程控制，一是要确保调查的稳定性和真实性，二是要控制成本经费。突出重点，控制规模，解决目标问题，具体成本费用要分解控制到位，包括资料印刷、发送费，问卷设计费用，访谈过程费用，交通费用，数据分析统计费用，撰写分析报告费用，打印、装订、分发的费用等。

（5）市场调查和内部诊断结合，重要项目的调查结论，要纳入 2 ~ 3 年经营计划，形成统一的经营项目可行性建议方案，讨论通过以后，纳入年度预算和店铺实施推进计划，从中长期战略角度分解任务目标，持续提高店铺经营活力。

3. 消费意愿调查要点

（1）消费意愿含义。消费意愿是潜在需求。消费意愿分析属于前置性调查，是目标客群消费预测的主要方法之一，通过定期跟踪调查，了解消费者消费的动力、影响因素、消费品类的变化趋势。

（2）店铺的产品组合状态，需要经常调改，可是调改的方向、深度往往很难把握，利用该预先判断式调查的方法，将老顾客的意愿收集上来，作为战略性调改的重要参照依据。

（3）消费意愿的主要指标，可以结合店铺所在区域的市场特点确定，在实施调查过程中，也可以适当修正，确定以后，尽量要保持稳定。基本可以概括以下五个方面。

①对于目前自己家庭生活状态的评估，可以分为三级表达：上升、稳定、下降。

②对于今后就业环境的感受和评估，可以分为入职期、上升期、徘徊期、退休期、失能期，对应的是机会多乐观、机会少失望、没有机会、要搬迁等具体指标。

③对于选择性奢侈品、耐久消费品购买的意愿，可以分为愿意购买、不愿意购买、无力购买、想要处理现有用品等指标。

④对于社会就业动态的感受，可以分为基本稳定、在升高、可能下降、已经下降、实际失业等指标。

⑤对本店铺的利用意愿，可以分为三级：感觉良好继续利用、感觉一般偶尔会用、感觉落后不会再来。细分几个指标，哪些经营产品落后、哪些经营产品比较喜欢等。

一个集团企业持续几年利用这种意愿分析工具，可以找到稳定的指数波动，在企业麾下不同的店铺使用，建立相对公正的消费预测工具。

4.1.2 提出应对解决方案

1. 服务客群细分要点

（1）大众个性市场细分。根据较全面的需求调查结论，要对定向的服务客群作进一步细分，作为经营战略的分解项目，便于落地实施。

①地域范围细分。由于网络购买的渠道多元化，部分区域性服务产品辐射范围已经改变，根据店铺影响范围的变化，改造内部的服务内容结构。

②自然属性细分。消费客群种族、宗教、风俗、家庭成员、生活方式，随着生活价值观的变化，相关机构的政策影响，消费群体生活需求也在分化。

③年龄段及个性细分。不同年龄段的群体，代表不同年代消费特点。如 2000 年以后

出生的青年群体，消费呈现出个性化、国际化、网络化等特点，对全渠道产品和生活服务场景突出了便捷、点对点的追求，坐等顾客上门的营销概念必须再设计。

④就业收入及社会角色细分。随着就业环境的变化，就业层级相对固化，底层年轻群体就业上升通道阻碍因素增加，消费压力加大，对于大众化店铺的服务内容的性价比需求更高，服务项目结构需求会有根本性变化。

⑤消费行为节奏细分。作为微观层面直接与服务相关的营销活动，可以选择一个局部，连续跟踪分析，根据消费者对产品的认知、查询、认同、评论以及利用体验、售后反馈等环节，全面监控消费行为节奏变化，从行为节奏、消费结果、服务产品趣味等进行监控。

（2）法人团体市场细分。法人团体消费是中国消费市场的特别景色，政府附属机构消费占社会总消费比重很大，作为需求分析一环不可忽视。

①行业及社会功能部门细分。按照企业邻近的行政单位所处行业和种类特点，将涉及的管理部门和相关机构作为服务对象。

②按照地理区域细分。根据本企业店铺、经营场景所在地域位置，划分成所在区域、邻近区域、跨区域、网络平台等服务对象。

③按照服务产品的功能用途和定制化方向，寻找团体客群。包括但不限于保安保洁等后勤维护、人力财务法务咨询、家政养老辅助机构、商务政策代理等。

（3）明确市场细分的主要指标。与调查目的相关，目标市场细分有很多指标。①可比较性。包括量化和定性分析指标，要找到比较对象。②可进入性。即可以渗透沟通，提供服务的可能程度。③可营利性。按照商业交易价值的目标，要做好营利性的预算和预期分析。④要对投入的成本和收益进行平衡分析，既要服务，也要收益。

根据详细的需求定位分析，确定经营的前提条件，进而提出应对服务方案。

2. 从需求到产品的策划实施要点

（1）分清授权。首先要明确新产品的策划负责人，作为企业法人代表的直接委托人，店铺新产品开发的第一负责人，赋予应有的话语权、协调权，通过公开的形式签约公示。

（2）公示选择的更新产品类型。选品，要选择市场关注度走高、与本店差异显著、对顾客需求产生超越需求的惊喜价值、可能带来较大价值的产品。

（3）更新产品开发方式。主要包括独立开发、贴牌合作、收购获得现成的新产品、入股既有成长期产品等，条件成熟时可公示自有品牌标签。控制关键工艺流程环节，打造个性。

（4）新产品创新的过程。包括预测数据分析、商品雏形联合评审、确定全渠道营销策略、具体投入制造开发商品、小样本尝试营销、正式展开服务营销。

（5）全面推向市场。新产品没有出现的时候，要抓紧新产品的创意设计，通过风暴论证会，在少数敏感人群中寻求创新共识，扩散研讨预期性结论；同步进行多渠道认同解读和体验解析传播，通过少量目标客群认同和散播，在多媒体渠道扩大影响力，获得代表性认知流量；要对新产品的特性和相关政策进行合法合规性解读，强化口碑信用形象；公布营销展示、展销日程，隐藏高热点附加价值因素，并作为服务附加价值，作出公开承诺，准备迎接消费者的购买转化。

3. 国内某机场案例

某机场店铺经过前期调查，如表 4–1 所示，确定目标需求特点，提出应对策划方案，逐步落位。

表 4–1　某机场某品牌店铺目标需求分析

出行目标	活跃年龄段	年度收入
商务工作，43%	25 岁以下，14.4%	12 万元以下，22%
生活旅游，29%	26 ~ 45 岁，79%	13 万 ~ 24 万元，42%
其他类型，28%	46 岁以上，6.6%	25 万元以上，36%

（1）目标定位。基于主管机构的授权，在金卡贵宾消费活动区域之外，集中关注安检以后，停留时间 2 ~ 3 小时的候机客群，分为国内区域和国际区域。细分客群目标是结合三种类型客群，分别策划主题经营项目。年龄段集中在 25 岁以下、26 ~ 45 岁两个区间，老年客群和儿童客群单独策划设计，客群年度收入分为 25 万元以下、25 万元以上两个层级。

（2）细分需求选品。国际代表性轻奢品、民族特色产品、旅行健康杂品、服饰品、区域文化符号小件、访谈及亲友用伴手礼、家人纪念品、休闲食品、便捷饮品等，特别安排老人智慧用品、儿童趣味游艺和手工智力玩具等。

（3）渠道营销策略。根据旅客对全渠道需求不同特点，增加网络服务窗口功能，强化网络覆盖效率和应用便捷性，开通网店平台，策划线上下单、到达机场店提取的全渠道服务模式，将旅途在线点击交易与预约到达交付相互结合，将线上价格政策与实体店价格统一管理，将实体店租赁、合伙分成、跨店销售佣金等合作模式融会贯通，扩大交易空间。

（4）个性化应对。针对短暂停留的特点，接待区域设置便利咖啡茶饮，满足顾客休闲逗留的特性需求；针对停留较长、饮食不确定、中转延迟等特点，提供不同档位的品牌商品、休闲餐饮、日用品、随身护理品、休闲娱乐区域等项目，不断更新产品、优化适用效率。

（5）系统化应对评价。在实施过程中，要熟悉相关方的要求，策划稳妥的应对措施，采用便捷的应对效果评价方法，形成系统化的展开实施方案，见表 4–2。

表 4–2 需求与应对确认评价表

相关方	基本要求	确认应对措施	评价指标
上级单位	现场服务保障 服务标准落实结果 服务目标达成率	服务产品提供 服务过程监督 服务策划与实施	ACI 旅客满意度 重大服务事故数量 顾客投诉整改率
监管方	服务提升活动 问题整改到位 投诉事件的处理 服务承诺的践行	服务产品的策划 内部检查监督 服务过程改进 第三方监督检查	顾客投诉整改率 API 旅客满意度 旅客质疑应答率 顾客表扬数量
政府主管方	合规合法经营 维护消费者权益 承担社会安全责任	服务提供措施 服务监督方法 服务改进过程	顾客投诉响应率 重大服务事件数量 重大活动保障情况
顾客	良好的购物体验 消费者权益保障 接待咨询解决畅通	服务产品及环境 服务产品策划 服务监督可视化	购物满意度 购物回购忠诚度 投诉整改率

注：ACI 为国际机场协会英文简称，API 为旅客信息预报简称。

4.2 改进现场运营

4.2.1 制订运营优化方案

1. 完善全渠道运营要点

一是积极转变经营管理观念，主动引入全渠道零售方法，迎接网络化零售革命。要将传统方法升级为网络化通用服务营销机制，积极学习、快速跟进。

二是能够识别本业态店铺发展动向，在运用全渠道营销的同时，关注店铺内部运营的各种障碍、难点，利用网络服务营销工具，制订可视化公正解决方案。

三是收集标准化和个性化优秀案例，在稳定现有运营质量的前提下，尝试借鉴在局部突破僵化的管理屏障，一件件研究解决，提高供应链、服务营销过程效率。

四是打造本店定制的服务项目或者文化活动，吸引更多顾客到店参与活动，较快地转化为企业收益价值。在预约定制条件下，可以为目标顾客提供尊享的高质量服务，树立店铺独家高价值差异化标签。

2. 服务内容展示陈列要点

（1）把握顾客利用本店铺服务内容的行动特点，按照大家的习惯，设计服务内容展示陈列的工具。店铺及服务场景中出现的服务内容，要制定展示、陈列的设计草图、道具组合、不同区域位置的展示价值评估，即在什么位置、展示陈列什么、谁来决定展示陈列内容和时限、相关费用如何收取等，形成策划执行文件，作为后期运营质量检查依据。

（2）在不同渠道、不同区域展示点落实商品数量、组合更新机制。要弄清楚店铺有效沟通渠道、客流量分配、持续购买频度、季节性销售高峰等数据，把握网店、渠道以及店铺实体场景陈列基本量化基数。如一个商品品种基本要陈列 2 种颜色、2 个尺码，基本单品（SKU）数量就是 4 个，如果有 100 个品种，店铺就应该有 400 个单品陈列位置。

（3）展开实施的周期管理。把控店铺服务内容的平均销售周期，合理运用本店铺销售周期。以每年 52 周的销售波段为例，按照四个季节展开，理想的时尚品鲜度周期是平均 8 周（正价销售时期），叠加 4 周折扣期限，前后合计为 84 天，相对弹性化调整一周（增加 6 天），合计为 90 天，365 天 ÷90 天≈ 4 次，那么，按季节周转一年合计为 4 次，100 个基数品种周转 4 次，需要 400 个品种。保证卖场季节更新的鲜度，否则就会出现过季的积压品，对于餐饮、生鲜超市、时尚服饰等店铺，就会有僵化、沉闷感。因此，一个季节投放 100 个品种就成为起码的备货数量。

如图 4-1 所示，按周期上货、陈列之后，要对应分析 POS 系统商品销售数据变化，顾客购买数据结构变化，对现场展示陈列提出改进修正意见。

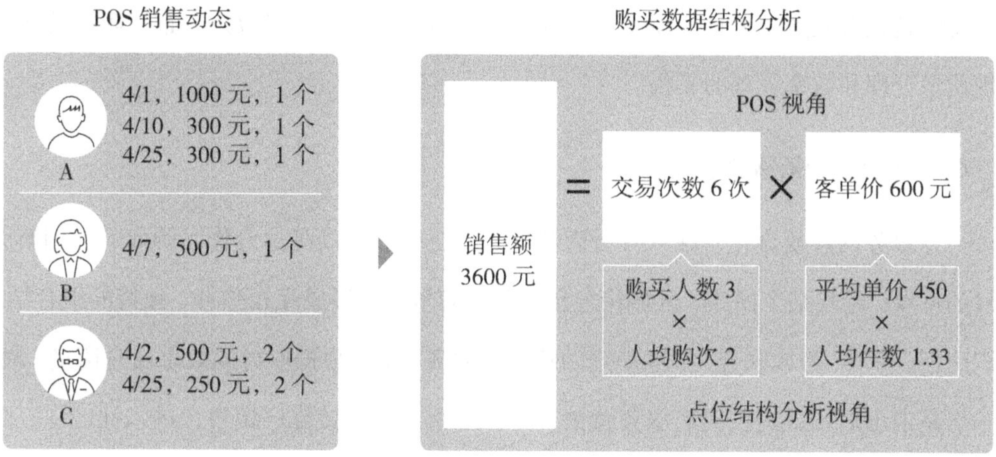

图 4–1 POS 系统数据分析的基本要点

（4）区分不同主题的风格组合。一是根据季节变化、时尚需求变化，调整商品组合主题，对应既有销售数据记录，不限于环比、同比类似品种的销售数量、销售额；二是及时观察环境变化，调整备货数量，每周都可以准确对应主力热销品、经典常备品、过季促销品的比例变化，在不同条件下，推出不同特性的商品。

（5）争取店铺的展示陈列授权。有一定自主权的店长，不能简单听取业务部门的指导意见，毕竟，店铺运营关键指标是店长承担的，店铺的销售展示陈列方法应该主要由店铺运营班子负责，要争取改变传统的业务部门负责到底、控制渠道话语权、屏蔽店铺功能的做法。

3. 可视化简约监督要点

一是简化现场运营的检查和监督手段，通过交叉记录、同步反馈、分享改进进度的程序，用可视化的看板、通知书等方式，监督现场运营质量。

二是突出现场销售，保障各个关键岗位的个性功能，既要鼓励创新营销的效率，又要保证运营监督到位，强化服务监督检查的功能，保护监督检查部门的热情，避免出现因为强调销售，就忽视服务质量的做法。

三是积极引进或利用现有网络技术手段，搭建数字化终端监控平台，要做到发现问题及时、图像音影上传及时、解决处置及时的高效运营目标，定期召开运营检查复盘会议，将问题类型、解决效果、连带业绩，一同放在台面讨论分享。对于发现问题的要激励，对于发现问题且有效解决的更要激励，清除团队中掩盖问题、不思改进、推三阻四的人员，实现质量管理和效率管理的平衡。

4. 服务营销的拓展要点

一是服务内容复合化，深入分析店铺现有的自有品牌商品、合作品牌商品、创新服务项目的特点；寻找某个民族、区域特色化服务内容资源，形成互相弥补、独特的组合结构；组织跨柜、跨店、跨域联合，形成稳定的特色化服务项目，根据取得的效果及时衡量、调改。

二是走出店铺，提供离店服务营销，外派小组人员直接推广销售，进入社区、庭院、商务办公园区，组织快闪庭院市集、广场市集，预约寄存销售等形式；利用特定地理环境，组织流动站点直销，配合小型车辆自助购买利用手段，靠近社区、靠近居住出行不方便的顾客，提供温暖上门服务。

三是多业态项目组合，同质品类之间可以组织季节主次互补，例如风衣和纱巾专卖；跨品类互补，例如核桃和铁夹；跨业种互补，例如便捷剪发和食品超市；跨渠道互补，例如主题音乐会和网络定制礼品速递。

5. 前店后厂店铺运营要点

一是明确跨业合作运营的概念，建立工厂、店铺联合运营机制。营是指组织环境、厂房、平台、店铺现场、活动场景，运是指调查、策划、执行、监督等推进动作，将工厂和店铺服务内容或平台要素联合推动运营起来，达成综合运营指标。

二是抓住运营监管要点，包括质量指标、能耗指标、效率指标。在质量方面，要从正面的产品质量差异控制和反面质量风险的控制，提前预防控制事故率。工厂和店铺的质量控制，都要从入口初步筛选、过程监控、出口分级监测等程序，保证综合运营质量，并通过系统化数据辅助监测质量。其中，数字化辅助系统是关键要素；在能耗方面，要从水、电、气等固定成本和人工成本方面综合平衡，达到适用、合理状态；在效率方面，要在一定的操作时限内完成质量控制指标，工厂的效率和速度体现在机器设备的性能指标，消耗能源比率、生产效率指数等，结合人工操作和数字化监控分析，合理控制设备运行效率。

三是及时反馈，提高团队合作效率，工厂和店铺之间要在管理上有所分工，要安排加工操作技术经理、运营质量控制经理、店铺运营经理三个维度，监控整个运营系统的效率和质量。结合效益和安全指标制定绩效系数，平衡不同业态作业环境绩效指标，确保彼此互动有效、协同推进。

工厂和店铺之间的关系互相影响，店铺销售推广效率，会促进工厂的运行效率；同时，工厂的运行质量可以决定店铺对顾客承诺的服务质量水平，店铺不能完全解决或兑现对顾客的质量承诺，而是由后端的工厂生产、加工、制作的质量决定的，因此，前后环节质量、效益、绩效指标紧密牵制。

四是强化店铺运营管理，要明确前后台是一盘棋，是在同一个平台不同执行窗口，店铺和工厂各有侧重点，不能因为重视加工质量而忽视店铺现场状态，要强化店铺场景美化、接待人性化、形象管理规范化、服务营销诚信可靠等要素，避免忽视店铺运营。有案例显示由于忽视店铺管理，店铺早晚开、闭店的时间、例会程序都不能规范执行。要在企业全员中强化企业是依靠店铺接触顾客、扩大营销口碑的服务观念。

在质量控制和效率管理的基础上，要按月度评价工厂、物流、店铺之间的服务质量、优秀标杆，在月度例会上，让不同岗位的优秀员工登台分享作业体会，演示介绍成功案例，激励员工个人成长，同时用公开方式化解矛盾，强化团队整体的凝聚力。

4.2.2 完善运营指标

1. 明确指标类别

一是确定核心指标，大型店铺运营指标有很多种，要抓重点。商业企业的命脉是效益，效益由守约保障。不尊重契约、不讲市场规范的企业质量就会改变，所以要以经营稳定成长为核心，非经营类指标作为参照。一般分三大类——经营销售类、安全保障类、服务拓展类。其他相关的行政、非经营类协同目标，可以按照接近或从属关系归类划分。

二是明确责权利，大中型店铺的店长，特别是规模以上独立店铺的店长，不是简单执行者，要为一方客群、团队、社区承担责任，要有相对应的决策权，在任命同期就要和上层主管部门，甚至决策者洽商，争取授权，厘清指标相关权限。比如要承担销售指标，就要有商品组合、布局、展示陈列的基本话语权，避免因为缩手缩脚，在全渠道营销环境下缺乏必要的授权而步步为难的窘境。

2. 指标价值评估

一是确定指标价值系数，店铺年度运营指标分解和下达之前，要对前期目标执行情况做认真的评估，重点考虑执行难度、执行价值、执行影响因素。

二是执行过程中适当调整，对于执行过程中遇到突发情况，经过充分讨论以后，可以对前期运营指标分解项目作出合理的调改。

3. 策划路径和方法

一是明确实现指标的途径和方法，对于非经营性因素导致的无法完成的指标，要作出理性的判断，提出解决问题的方向，以负责的态度留下历史记录。

二是对于有难度的指标，通过努力可能实现的指标，要作出深度的策划，拿出创新方法，并且做好备案。

三是对于安全保障指标，需要考虑耐心、细致、警觉等工作态度作为前提条件，格外重视部门员工的身心健康，关心绩效保障条件。

四是对于风险较大的指标，要确定突发风险处置预案，设定流程、保障资源，确保在突发风险时可以快速应对，最大限度地保证店铺人财物安全。

4.2.3 策划个性化标杆项目

1. 标杆项目标准

一是树立员工个人标兵，也可以是发掘基层班组亮点或者是一个主题项目管理部。

二是确定标杆的质量尺度，是区域性或国内同业最先进的水平，打造真正意义的行业标杆，避免企业内部闭门造车、按照决策意图推荐的标杆。

三是标杆附属的服务内容，要有特别的含金量和吸引力，要联系现有的商品或服务项目，带动或连带提升销售业绩，要超前迎合新的消费需求和生活方式动态。

如户外体育生活用品店铺的员工，可以创造性地开展野外拓展训练营，定期招募学员，开展各种新式健康的户外活动，直接带动专柜商品销售业绩。

2. 提供创新机制

一是建立创新机制，鼓励员工跨柜、跨界销售，根据销售业绩和服务效果，设计提成分佣奖励政策。

二是创新服务营销单元，当员工的业绩达到一定规模，可以改变和员工的合作关系，从企业和员工从属关系，改变为两个经营者之间的契约合作关系，员工身份转化成契约式平等合作营销关系。

三是探索跨渠道合作，在店铺现有行业遇到发展瓶颈的情况下，要探索打造跨界、高效、专业化的营销项目合作模式，探索创建行业新经营产品。

3. 建立进退有序机制

一是根据主题需要，结合区域、时段、品类项目，评价各自价值大小，并且对服务内容进行价值排序，将贡献大的树立为标杆。

二是标杆员工、项目组的业绩如果出现下滑，则恢复为普通绩效管理方式。没有贡献或者一直拖累业绩成长的经营项目，包括合作方，要通过公开机制淘汰出局。

三是确定评价周期，根据经营项目的周转波段特点，一般服务业态业种按照年度评价，“树标杆、清包袱”，在店铺形成常见常新的动态循环，而不能让多年不换的老面孔，虽不盈利，而且呈现形象老迈僵化却一直占据店铺黄金位置。

4.3 策划创新营销

4.3.1 执行总体服务营销项目

1. 认真执行计划目标

一是规范执行总部的计划，监督团队日常执行进度，按照时限分解调整，跟踪到班组、关键岗位个人，将指标进度分类张贴上墙或者上传内部网络平台，让大家都能够看到，共同监督进度。

二是重点关注区域、品类、项目的指标完成进度。任何业态、业种服务内容，结合季节和目标客群，都会有个性化淡旺季等服务特点，要结合重点时段，关注重要的项目，落实的区域或社区，指导具体工作落实到位。

三是要能够结合品类及品牌、单品相关销售指标，运用数字化工具进行精细化分析，对不同分类内容的价值作出评价，提出改进服务内容的选品、预订、配送等关键指标的解决方案，避免在传统套路中进退无序、原地徘徊。

2. 把握店铺营销策划要点

一是能够组织设定营销主题及资源组合，争取授权，大胆创新组合营销主题。

二是每周编制重点品类组合、重点单品、新上商品、大单品等分类分析，如图 4–2 所示，重点监控正价品的定价、折扣变价、客单价、毛利互动变化，深化组合营销的质量，避免顾此失彼。

三是对于重点活动空间区域进行数字化监控，及时调整现场的展示陈列组合方式。

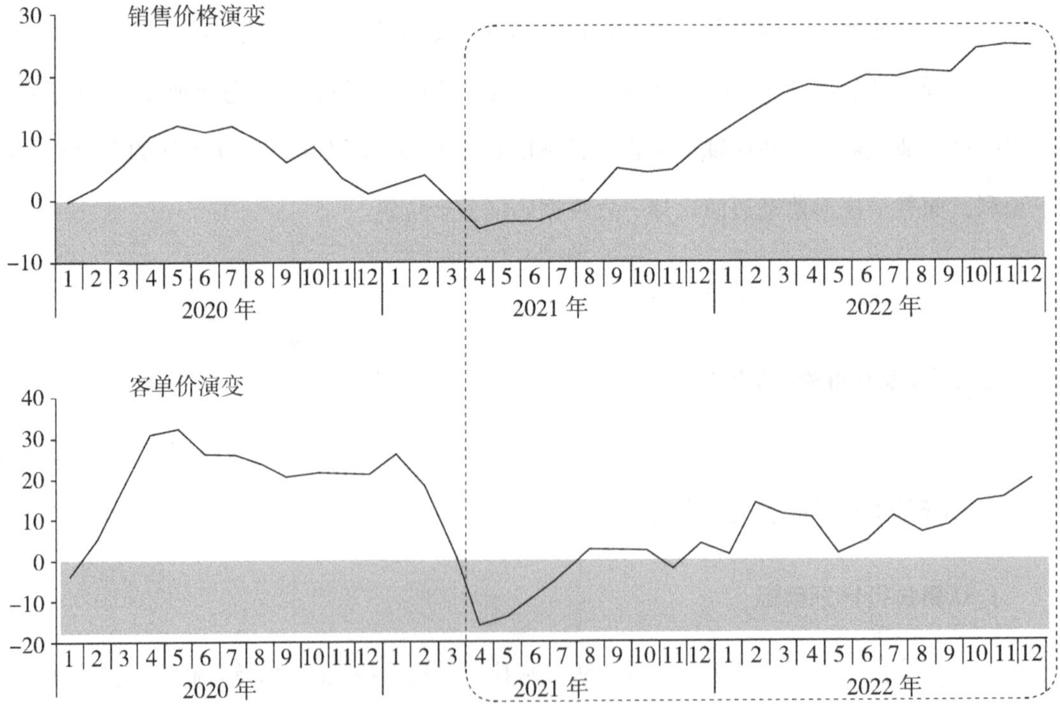

图 4–2　售价和客单价互动变化监控图

四是对重点时段的广播、视频、POP 等媒体，要制定专项传播、后台切换监控机制，运用数字化手段对不同渠道的媒体终端进行联合控制。

五是随时关注商品销售动态数据，通过数字化图表方式反馈给相关部门，便于作出补货、调整、退换、折扣、特价处理等应变管理。

六是展示和陈列实操要遵循人体工学原理，面对目标客群的身高、年龄特点，在适当的高度、适当的距离，运用色彩、字体的大小变化、商品的切分组合等要素，进行综合规划，方便顾客在陈列堆头选购。

对于非商品类的服务项目展示，要制作精美的看板和菜单目录，通过适当的手册、张贴距离、图样大小等要素，向顾客作出准确的展示解读，让顾客便于发现、便于选择、便于利用，提高服务效率。

3. 组织不同品类联动组合营销

一是根据市场热点和季节情绪变化，摆脱单纯货架商品折扣的落后套路，设定情感化、解压式联动营销主题。

二是根据主题目标，与相关供应资源进行沟通，作出资源供应规划。在选品过程中要围绕主题来组合，做好积压、短缺、调货、调变价等应对预备措施，进行系统化运营。

三是在实施营销活动期间，要跟供应相关方保持沟通，及时讨论，调整长款、短款，及时补充新款、口碑款，增加销售机会。

四是组织全渠道直播互动营销，要在选品环节做延伸策划，统一分配线上和线下资源，对价格折扣、服务内容、交付方式等进行准确说明，确保不同渠道的服务都可以准确交付。

五是加强数字化分析，在配送反馈环节，要将拣货员、配送员交接过程以及顾客反馈评价信息等做系统化分析，形成可视化窗口，提供给相关部门分享，及时发现其中的风险和机会，进行有效调整。

4.3.2 创新个性化服务营销

1. 传达培训思想方法，提供初级、中级店长培训

一是明确建立有效营销机制的方法，明确营销三部曲（为谁、提供什么、如何提供），落实在每天的具体工作中。

二是编辑组合商品，唤起注意，满足需求，获得收益。要将需求调查、策划推广、短期提案、资源组合、传播触达、交易反馈等系列活动整合成为不断改进的连续动态过程，引导顾客自己有意愿购买或者利用商品及服务项目。

三是依据数据分析，准确评价各个品类、各个经营项目的成长预期，找到个性化上升突破方向，进而确定 2 ~ 3 年的经营计划，制定店铺未来经营计划的重点内容，包括营销渠道、营销方法、营销目标，其中，获客是基础，渠道是手段，活力是结果。

一个好的店铺团队，应该是价值认同、授权充分、方法新颖、充满活力、有成长期盼的合作伙伴。

2. 策划人性化温暖项目

一是策划创意要清楚、明确。针对现实消费环境中顾客的身心健康愿望，策划实施更人性化、更符合情感需求的服务项目，提高店铺情感体验温度。顾客体验以后的评价感受，能够传递情绪化的声音，反映出大众对一项主题服务的认可程度。作为顾客满意评价的重要组成部分，人性化的伦理情感内容，是顾客感受到并且反馈表达的，不是企业自以为是标榜出来的口号。

二是顾客利用服务产品以后，自然会形成情绪态度，不同程度的情绪反应可以用透射法通过不同颜色，转化成为可视化的颜色图片看板，表达不同级别的情感感受。例如，当一个客诉事件发生以后，服务接待人反应时间比顾客感觉预判的时间要快，则顾客感受舒适，情绪反应温暖、亲和，颜色表现为黄、绿等暖色；如果店铺提出的解决建议，单方面希望和顾客达成的解决方法，让顾客难以认同接受，则顾客感受阴冷、愤怒，颜色表现为绛紫、深蓝等冷色。由此展现企业服务温度谱系，构成店铺“服务温度图谱”。

三是策划过程，要先尝试再推广，选择代表性岗位，策划实施个性化的“服务温度图谱”项目。根据顾客感受到的高价值岗位，策划目标是让顾客感受到超过预期的兴奋愉悦，在一些普通场景项目，策划目标是让顾客感觉轻松、自由，最低限度目标是避免顾客感受到阴冷、不安、压抑等。然后围绕这些预期目标，设定服务情感项目标准。大体分为三个层次：一种是基础水平，确保实现顾客预期的约定水平；另一种是符合多数顾客预期水平，高于少数顾客的预期，让一部分顾客感觉惊喜，感受阳光般的温暖；更高一级的附加项目要超过所有顾客的预期水平，让顾客感受意外惊喜、格外兴奋，达到很高的情感温度。如一场生日宴中，让久未见面的重要的情感关系人亲临现场。

要理性应用服务温度概念，因为影响服务情绪的因素很多，有的不良因素是在服务场景以外，需要个性访谈才能化解顾客不良心态。另外，同样的一种服务提供方法，顾客反应也是不一样的，需要面对不同群体的顾客，采取差异化手段，真诚做好情感化策划设计，切忌将企业的意愿当作顾客的感受，盲目对外宣传。

3. 创新文化营销项目

一是策划跨渠道营销项目，比如商业、旅游、制造、物流、教育等业态资源合作，联合不同地区景色网点，形成系列化服务营销产品，如约定目标会员，集中到葡萄采摘基地和葡萄酒生产加工现场演示、参观、展销，在广泛的社会协作中，获得综合回报。

二是能够结合企业所在业态周边相关生产加工资源，提供服务营销菜单，由目标客群选择，形成整合营销产品，比如在店铺现场组织炒茶工艺演示，巧克力现场加工演示、指导，将店铺内外作为媒体或传播的平台，向周边公众、网络平台传达独特的文化话题，聚集人气。

三是组织跨地区、跨品类的文化主题会展，要与公司营销主题相互关联，比如少数民族服饰文化周、民族土特产展销大会，与店内的相关服务内容合作方联合策划，既有全渠道文化传播，又有现场连带销售。

具体空间可以利用中厅或店头展示区域，划分出快闪区域或文化传播公园，开展互动体验、文化仪式表演，让顾客感动、惊讶，体验过后还想再来。

4.4 拓展客户关系

4.4.1 建立客户服务机制

1. 优化现存服务机制

一是在现有基础上，依据国际化的标准，按照服务项目逐一诊断评价，查找排列无效、低效、有效的服务项目，策划并讨论确定优选或准备提升的服务项目的预案。

按照 ISO23592 : 2021 的最新说法，打造成功的服务机制，需要在四个维度上做持续的努力：要有卓越的专业化领导力和经营战略；要有良好的团队运营文化，大家主动合作，授权吸纳员工参与；要创造独特的服务产品，为顾客提供超值体验；要确保服务方案具有可操作性和可执行性，实现价值循环回报（见表 4–3），不能停留在口头方案和宣传方案水平，核心目标是让顾客在我们的服务环节中始终能够获得愉悦感。

表 4–3　成功服务机制的要素

目标	项目	方法或者渠道
	让顾客持续获得内容满意和愉悦感受	内容加感受的调查、反馈
1	卓越的领导力和分级经营战略	职业良知、专业方法、担当勇气
2	服务机制升级和员工主动参与	授权机制、员工成长、互动活力
3	策划项目能够提供独特的体验	开阔视野、创新内容、淘汰旧货
4	新服务遵循三大规范，可操作	内容规范、执行规范、质量规范

二是根据诊断结果，在数字化基础上，改变固化的服务营销模式，运用新的工具、新的理念，升级或者创建新的运营机制。如走出店铺，开辟社区营销模式，通过微信群、社区市集接触顾客，持续有计划地组合配送店铺服务资源。

2. 建立新的服务质量规范

一是明确新的质量观念，建立新的服务机制，要相应制定服务质量管理制度、质量目标、控制指标，共同遵守质量约定，确保相关方有价值地运营，避免损害相关方利益。

二是新旧结合，首先要梳理提升现有的服务管理制度、工具，将有效的优秀做法转化到新的服务机制中，提高运营效率。

三是寻求相关方共同赢利的方法，以生鲜类超市为例，通过产地对接洽谈、减掉店铺供应链的中间食利者，降低运营管理费率，在此观念指导下，优化质量控制目标，让利于顾客，企业获得更多的生存发展空间。

3. 明确内部组织协调支持机制

一是确定有效的服务机制，需要内部相关部门协助支持，缺乏决策者、业务部门等关键环节支持，就无法建立新的客户关系机制。比如服装店的店长力求数字化升级，如果店铺上级的业务团队不支持，服装业务中间代理模式不改变，再好的数字化系统也无法调度商品配货，无法协调网店、实体店的款型、价格政策，数字化就是一句空话。

二是定期分析协调机制的工作效率。通过公开的方法，介绍成功和失败案例，避免出现虎头蛇尾、互相不合作的问题。

4.4.2 拓展客户接触渠道

1. 分析确定目标客群偏好的购买渠道

一是根据本店铺的规模、业种特点、发展阶段、管理成熟程度，选择建立或者拓展更有用的顾客触达渠道，包括网约快递、上门定制、到店体验等。

二是活用店铺看板，在物理属性上注意张贴位置、悬挂方式、摆动扭转等形式，吸引顾客注意。增加视频互动内容，包括加工演示、互动游戏、组合场景、自然环境转化等，让顾客看到服务内容不同的功能和延伸价值。

三是组织店铺演示，邀请互动体验，通过专业化工艺师面对面地演示讲解，促进顾客的消费愿望，可以在活动中访谈了解目标客群购买愿望、利用渠道特点。

2. 建立全渠道客户触达方式

一是利用在线渠道，在技术成熟、安全可靠的情况下，建立全渠道会员体系，用渠道分享、定制推送、定向邀请等方式，加强会员互动。

二是高端定制，通过前期沟通，提供策划、配送、反馈服务，按照高端会员的价值需求，定制专属服务内容，比如，上门制作家宴、定制加工服饰、整理收纳、庭院区改造等。

三是拓展营销，特邀目标客群参与郊游旅行、生产参观、定向采摘等专题文化体验活动，增加会员的互动体验感受，为增加联单销售创造机会。

四是开展机动车流动服务，利用机动车，为专属社区、园区居民、特殊需求顾客群体提供专项服务内容，将商业服务与公益服务结合起来。

五是跨越店域的活动，策划专项区域文化物产大会展，甚至可以组织国际化物产大展卖，策划形成相对固定的营销内容，带动店铺服务内容的更新，促进销售业绩。

4.4.3 诊断提升客户服务质量

1. 确定新的服务质量目标

一是要明确营销价值观念，如何升级、如何推动、如何转化为收益。在理解顾客的需求变化的同时，了解顾客利用本店铺服务内容，获得使用价值和情感体验的满意程度，讨论策划新的服务营销机制，建立新的服务质量目标，真正从顾客视角开发服务体系。

二是确保服务内容质量，不管是运营渠道，还是开发产品本身，都要关注生产加工环节，在原料、素材、添加剂、工艺匹配等方面，展示经营道德素养，确保产品卫生安全。

2. 强化新的服务特性质量

一是基于目标顾客接触和消费数据分析，研究需求变化方向，策划具有超前特性的服务内容，即设计超过一般需求感知的服务特性，提高服务上限感知质量。

二是编制比现有服务水平高一级的检查工具，将服务提供内容、场景或渠道、顾客触达方式、顾客利用或购买感受记录、顾客反馈分析方法等环节整合为系统性检查工具。

三是建立新的顾客沟通系统，通过样本调查、随机访问、利用点击评价等方式，及时与顾客沟通，收集服务内容创新方向的建议，将服务评价机制和服务内容改进、升级结合起来，推进服务组织整体进步。

4.4.4 策划改善会员结构

1. 明确会员基本动态

一是会员年龄结构优化。结合店铺经营客群定位，深度分析经营商品或服务项目的改进预期，通过调整营销组合方法，引导调整目标客群年龄结构，优化客群价值。

二是会员消费结构改变。结合店铺的商品或服务项目的价格带，运用数字化手段，向供应伙伴提供改进商品性价比预测性提案，在确保基础性价比的基础上，向会员提供新的商品组合售卖政策，引导改变顾客购物篮组合的偏好，降低货损、提高经营收益。

三是改善季节客群结构。基于季节周期变化，结合店铺销售商品及服务项目的季节性特点，策划不同主题，适配不同客群，比如交通站线、旅游路线休息区的店铺，可以结合季节变化，推出店外市集活动，满足不同季节客群需求，提高店铺的营销效率。

2. 主动调改服务内容

一是定期更新服务内容，调整完善店铺商品结构和服务项目，确保服务内容新鲜。

二是积极应变，根据顾客调查反馈的建议，及时策划，提出改进方案，及时落实。

三是结构调整，根据市场变化以及消费动力、消费情绪的改变，对店铺经营品类结构、经营内容鲜度进行整体预测分析，提出 2 ~ 3 年调改方案，突出品类结构和经营模式内容，不断优化服务内容。

店铺吸引高价值会员的关键是服务内容，至于服务政策和服务方式，是辅助性条件。

3. 质量控制要点

一是树立内容技术专家为导向的质量管理理念，强化专家挂帅落实机制，避免行政化主观指挥，偏离质量目标。

二是从入口端开始执行质量机制，包括进货资质、录入核对、分拣筛选、采购选品、尝试评估等环节，尊重专家小组意见，公正运用质量标准。

三是逐级跟踪落实，在班组执行环节，要提高班组长本身的质量意识，训练班组长的质量控制能力，通过记录和监测手段分析比对，把控运营过程质量水平。

四是强化数字化监控，在系统录入和数据监测分析环节，要检测相关重要环节的质量风险，及时打上标签，向相关方传递信息，提出预警和解决建议。

五是抓好后处理环节，主要是在输出出口端，包括整理、消毒、包装、分拣、出品、配送、快递交付等环节，关注综合执行质量，通过监控和数据记录分析各个工序的执行质量，逐步改进过程质量。

六是在出现客诉问题时，要通过快速应答、快速反馈、快速确认、有效追溯等机制，为顾客查明真实情况，迅速采取补救措施，有效解决问题。

4. 改进分析系统

一是诊断分析，从顾客使用便捷有效和店铺会员资源分析管理两个维度，提出诊断指标，通过专题小组的分析诊断，提出改进方向和具体改进建议。

二是自主研发，结合店铺自身技术能力和解决的具体目标，成立专题小组，策划搭建分析改进思路，在授权有效、节省成本前提下，研发会员资源分析管理系统升级产品。

三是引进合作，通过授权许可，与第三方数据公司或相关专题资源合作，研发店铺专属的会员资源分析管理系统，通过运营检验，提高服务质量、推动店铺营销升级。

四是建立完整反馈系统，如图 4–3 所示，健全营运质量评价要点不断改进完善会员系统反馈功能，兼顾顾客及会员的质疑、客诉等应急反馈，通过智能终端，在一定管理成员之间分享顾客反馈信息，及时处置应激事件，确保店铺安全运营。

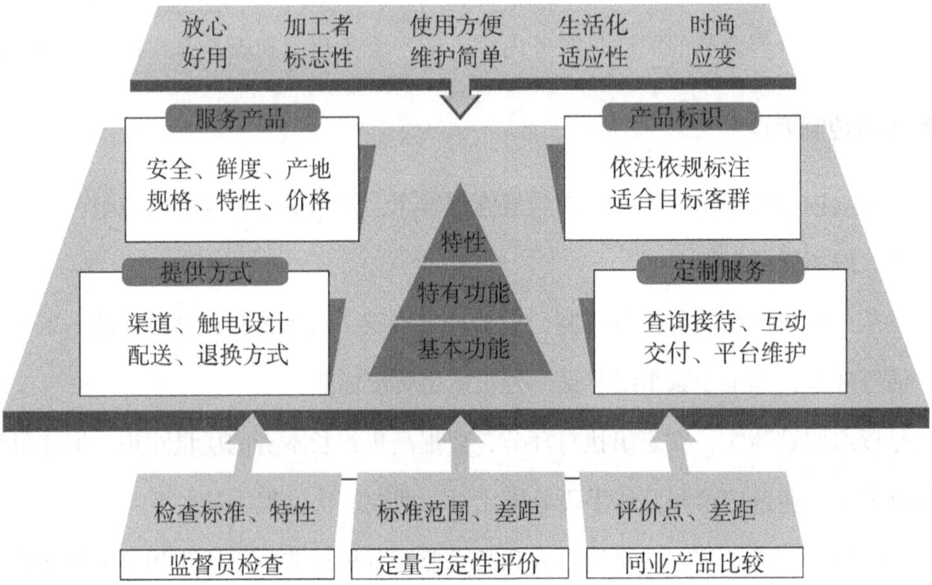

图 4–3　店铺运营质量评价反馈要点

4.5 提升人力绩效

4.5.1 设计员工招聘方案

1. 搭建组织能力成长平台机制

一是明确组织发展的目标和长期经营路线，确定团队组织架构和人才梯队需求，清楚地表明团队活动的价值，是自主经营、主动塑造成长价值，还是依赖行政化资源支持，完成授权任务。

二是明确团队组织运营模式，是采用强制约束，还是扁平化直接管理，或者采用划分专题单元，促进员工活力成长的契约化模式。公开确定运营模式，不仅决定团队的成长活力，而且从根本上决定团队的社会化存活周期。有专题调查证明，很多店长岗位从业者离岗流失与此有关。

三是确定团队文化导向，是单纯的经营团队组织，还是经营兼顾行政化的管理单位，或者是契约化经营兼顾人性伦理的社会文化单位；团队文化导向，是决策者主导、论资排辈，还是价值互信、多元展开，由此决定企业以及店铺团队的社会口碑信用和持续发展质量。

2. 确定内部岗位成长路径

一是确定团队竞聘上岗的程序，是专注经营专业化竞聘，还是偏向非经营行政化指令，或者是小团队项目制竞标选拔，由此可以验证企业及店铺团队的成长空间。

二是确定不同专业岗位、不同级别员工成长的路径，包括跨专业发展的可能性。为员工的专业发展和复合化发展搭建多种渠道。在初次上岗 1 个月试用期间，就要通过交流沟通，明确定岗方式，员工认同价值理念以后，可以更好地扎根团队生存。

三是明确在岗成长的路径、成长的机制和方法，比如师徒学习联动成长、晋级考核内容、岗位操作记录、多元沟通机制等，由此影响从业者就业的积极性。

3. 制订并发布具体招聘方案

一是在确定需求基础上，讨论确定招聘方向，制定招聘岗位说明文件。如表 4-4 所示，不同的机制风格、招聘方式差别很大。

二是发布招聘公告，说明对应聘者的要求，包括专业类型、工作经验、居住区域、个人自然属性等。

三是说明招聘专业岗位的基本生态，包括待遇、成长、福利、约束等。

四是说明招聘选拔过程的执行环节，包括报审、初试、复试、面谈、岗位沟通、集体讨论等。

五是确定招聘过程和招聘结果的评估方法，包括报名情况、专业倾向、录取情况、半年流失情况、流失原因分析等。

表 4-4 行政化与契约化两种风格的招聘方法比较

	招聘基本方法
行政化	人力与党政部门主导。一是征求用人部门或店铺意见，收集上报，批复以后在内部或者选定外部渠道发布招聘公告。二是整理应聘材料，通知筛选合格者带齐证件参加初步笔试或者面试。三是发出征询意见函，要求提供详细资质证明资料，包括政审合格证明、法规证明、薪酬证明等，管理岗位招聘人员需要上报到党政部门审批。四是新员工上岗前培训，约一个月期满后填写转正申请考核表，再次上报审批，批复以后作为正式员工上岗
契约化	人力部门主导。一是根据储存规划数据和店铺员工流动数据监控，调查征求意见以后，确定门店可以独立招聘岗，人力部门统一招聘的管理岗。二是确定公告中招聘岗位说明，包括专业特征、从事工作程序、晋级路径、初级薪酬、通勤补贴、地域补贴、考核薪酬机制、工作环境、休息日安排、福利项目等，还要说明上一年度同岗位工作概况。三是说明招聘程序，包括筛查资料、初步面试、通用知识笔试、愿景洽谈、岗位匹配、指导老师面谈。四是履行招聘程序，签约，一个月以后从轮岗见习转为独立操作，三个月以后转为正式员工

4.5.2 制订分类培训方案

1. 企业文化分享的四个要点

（1）经营理念。用简单的语言，概括企业市场观念、事业项目，确定经营范围、产品档次。确定企业团队的聚人气、做市场的核心理念，代表企业决策层的指导思想和事业精神，是团队成员必须认同、执行的价值观。

团队整体价值分享是指管理决策思路和规划要面对所有人分享沟通，让大家共同认可和赞赏的经营结果，让大家共同思考改进的项目与方法。

（2）工作方法。用规范的制度文件，描述企业或者店铺各个专业工作的主要原则、执行程序、授权关系、申报审核流程、横向合作要求等，在国际标准化体系中，属于程序文件，是加入一个团队必须学习掌握的基本规则。

职场沟通礼仪——行为举止、沟通话术。

数据分析机制——顾客数据、内容数据。

主题营销机制——网络营销、社区文化。

主题陈列规则——主题策划、跨界组合。

色彩搭配规则——场景色彩、背景音乐。

内容素材技能——内容素材、制作要点。

（3）分享顾客之声。收集顾客需求声音，调查消费需求特点，按照企业的客诉政策和现场发生的问题特点，在第一时间积极解决客诉，并通过开放的窗口向顾客公示解决结果。在遇到重大服务内容质量事故的时候，要在第一时间发出企业以及店铺的声音，向社会表达负责的态度，承担社会责任。

（4）分享工作成果。建立共享团队激励机制，包括但不限于：员工个人或者项目阶段性成果发布会，每季度一次；拟定问题项目调改提案推进会，每月一次；不同专业的岗位技能竞赛、演练，每季度一次。

通过各个项目的实战训练，产生综合培训的结果，得到全员共有、分享的结果，即员工获得存在感、价值感、成长感，顾客获得愉悦感、满意感、期待感。

2. 优化个人服务营销训练

（1）岗位认知偏好。员工对目前就业岗位、工作任务压力、顾客关系管理、工作开发方向等的认知和认同。如销售岗位的导购员、质检员，要弄清楚做这些工作有什么价值，如何激发热情做这份工作。还有关于服务营销理论知识，包括服务行为、方法、态度等，要合理认识、积极应用，避免在岗位上出现不良态度表现。

（2）激发工作动力。支持员工自主选择服务工作的动机，鼓励员工挖掘工作动力，比如说家庭方面的支持、兴趣爱好方面特点、社交网络影响、职业发展前景等。要关注员工身心健康方面因素，比如说身体、心理状态方面存在疾病，要通过训练甄别出来，加以矫正，让员工调整情绪，保持热情的工作状态。

（3）调整心理状态。通过训练维持平稳、活跃的工作状态，通过团队不同训练方法，维护团队情绪平衡。避免受到非经营因素的影响，出现冲动或者失控、压抑等问题，带来团队的波动、对抗。要让员工确信，每个人都有积极向上的成长愿望，都有自己的长处，要通过训练，发现业务能力和意志品质有特点的员工，加以肯定。

（4）员工的心态和技能展示。不同部门的业务沟通合作，需要互相支持，结合流程培训，分清团队之间的责权利，训练不同岗位员工的服务管理和传递技能；训练部门之间协同合作，提高服务效率；引导大家交流岗位工作特性和吸引顾客方法；鼓励大家介绍在本职岗位以外掌握的服务产品功能、使用方法、服务技能，并提供演示机会。

4.5.3 改善绩效考核方法

1. 定期组织考核

（1）执行公司考核政策。分解制定店铺考核方法，要简化考核维度和考核指标，强化考核导向和激励效果，重点关注季度、年度结果考核，组织考核要确保过程真实，避免弄虚作假、不切实际。

（2）鼓励创新性项目。在确定基本考核项目基础上，兼顾合规和创新，制定偏向开放式评价指标，超越指标值越多、创新效果越突出，越要加大激励。

（3）及时兑现考核承诺，考核结束以后，要兑现考核方法确定的承诺项目，包括奖、惩，升、降，对于创新性项目及负责人，可以适当协商、突破激励承诺，如赠予游学机会、高位场所演示分享等。

（4）强化问题解决能力。在执行绩效计划指标过程中，会遇到业务本身以及非经营因素的影响，造成执行困难，要调动员工的自主精神，鼓励员工合规合法地寻找解决思路。

问题解决的要点：①确定授权责任，明确激励规则；②溯源分析，找到关键因素，确定主要因素，逐一化解；③善于洞察，寻求新的资源和工具，解决僵化的问题。

2. 店铺绩效考核的要点

一是确定店铺服务内容或商品的动销效率的常态，掌握顾客反馈的业务情况，确定商品及其他服务内容的评价基准线。

二是结合店铺特点，根据年度或半年成本运行的平均额度，预测提出基本保本的营销指标，并适当分级，提出必须达到、可能实现、争取实现的三级弹性范围。同时兼顾在遇到非经营因素干扰，市场出现大幅度波动的情况下，调整平衡点的方法。

三是根据店铺物业租赁协议的周期，结合租金调整数值，确定年度费用调整数额，将租金、资源费、相关管理费、人工费等整合测算，提出下一年度的营销指标和增长系数，为店铺和企业提供考核的依据。

四是充分考虑货损、客诉、灾害等影响因素。根据店铺服务内容的特点、以往三年货损均值、客诉动态数据，测算店铺货损、客诉损失、质量运行等损失，将绩效影响因素纳入综合测算分析范畴，提出下一年度营销指标，为精细化绩效考核提供准确的数据依据。

3. 从支持角度规范考核管理

（1）有效授权。按照绩效指标，落实分工以后，要确定有效授权的范围，给员工独立处理任务的空间，要让全体员工明确，管理的本质不是控制拘禁个性，而是支持个性成长。

（2）诚信沟通。要建立开放、诚信沟通的平台机制，比如，每周召集小范围座谈会，互相见证、互相提醒，以诚信态度，沟通讨论工作中出现的各种问题，包括批评和处罚，避免利用简单处罚的方法，压抑式处置矛盾。

（3）互助成长。在业务范围内，鼓励个人和班组集体学习，搜集、讨论各种热点话题，及时转化确认为工作方法，纳入工作过程，形成专题项目，互相帮衬成长。

（4）人文关怀。考核的直接结果，是提升绩效，从人性的内在发展来看是推动人的全面成长和发展，带动企业的扩张和发展。

要通过工会、互助会、互相家访、亲子联欢等形式，建立团队人文关怀的情感动力机制，关心每一个团队成员的身心健康和员工家人的幸福健康，向社会传达人文温暖。

4. 店铺绩效管理的问题点

一是行销售提成递增机制，随着销售额增加，员工绩效可以升阶。这属于传统做法，看上去是鼓励上进，在机会均衡的条件下，激励作用较大，在市场难度普遍加大的情况下，会不同程度地失去激励作用，要结合专业特点调整这个做法。如表 4–5、表 4–6 所示，在考核分层级系数的基础上，考虑考核的弹性、激发大家的动力。

二是执行店长、经理从团队绩效中提取绩效机制，首先制定提取系数，员工完成的绩效基数越高，提成越多。在全渠道垂直营销的环境下，将经理和店长绩效简单放在团队绩效之上，在一定程度上会影响员工积极性，增长店长或经理的官僚气息。应为店长和经理制定自主营销的绩效指标，店长和大家一样共同站在一线，背指标，创业绩。

表 4–5 管理层绩效提成系数

考核项目	职位	考核指标	≤ 70%	≤ 85%	≤ 95%	≤ 105%
预付卡（个人加团队）	运营助理	区域完成率	0.4	0.45	0.6	0.7
	运营经理	区域完成率	0.5	0.6	0.8	1.0
	副总经理	全店完成率	0.15	0.3	0.3	0.4
	总经理	全店完成率	0.2	0.3	0.4	0.45
总营业额	运营助理	区域完成率	0.05	0.07	0.08	0.10
	运营经理	区域完成率	0.10	0.12	0.13	0.15
	副总经理	全店完成率	0.05	0.06	0.10	0.12
	总经理	全店完成率	0.10	0.12	0.14	0.15

表 4–6 员工绩效考核表

店铺名称： 员工姓名： 编号：

考核项目	分解项目	权重（%）	考核指标	得分
业务	常规目标	5	营业额，少 1% 扣 1 分，最多扣 10 分	
		5	业务培训，少一次扣 1 分	
		10	赔付低于月销售额 1%，每高 0.1%，扣 1 分	
		10	控制操作差错率，错一次扣 2 分	
	重点目标	5	不按时开、闭店，发现一次扣 2 分	
		15	发现顾客遗落物不上交，发现一次扣 5 分	
		20	态度恶劣引发投诉，发现一次扣 10 分	
态度	团队纪律	10	上班时间玩游戏、睡觉、随意饮食、抽烟喝酒，发现一次扣 5 分	
		10	无故旷工、每月迟到早退 5 次以上，扣 10 分	
		10	积极协同合作，取得良好效果	
附加	主动成长	（讨论）	提出合理建议被采纳，加 2 分以上	
汇总	点评及得分			

三是为店长或经理划定固定的绩效数额机制，不管员工绩效结果，都能够保证店长或经理的绩效收入。这种强硬的做法，直接打击员工的积极性，没有激励作用，规范的契约

化店铺，应该放弃这种不良习气。

四是店长在年底分情况给员工个人发红包的机制。虽然表面上看是保密的，但实际上员工很快就会知晓，而且是有失公允，因为考核指标没有透明性，缺乏考核公正性。

上述问题点的启示在于，团队的绩效管理，要根据员工的创造价值进行激励，适当的分级可以表示对优秀员工的奖励，同时要充分考虑市场化，根据能力差距确定绩效系数。另外，绩效管理要用数字化、可视化窗口表达，其计算公式、计算指标、升级的方法都要公开，让员工能够根据公开的菜单计算自己的绩效。

5. 标准化绩效管理的要点

（1）规范绩效管理机制。要按照年度动态修改绩效管理机制，形成稳定有效的管理制度，发挥绩效管理激励团队活动效果。

（2）逐级分解绩效指标。按照店铺规模、专业特点，适当分解绩效指标，体现在部门任务和绩效指标、业务项目指标、班组人员配置指标、岗位专业级别指标、绩效数额和升级系数指标，另外还要制定特殊工作任务的指标。

（3）划分绩效弹性考核项目。包括业务专业化价值系数，基础薪资和激励薪资比例系数，激励薪资的等级和系数，专项任务的奖励专用红包及发放指标系数。

4.6 执行财务规定

4.6.1 确保运营过程财物安全

1. 改善不同渠道收银政策

一是监督店铺内部主管部门，贯彻财务专项法规政策，根据公司及上级相关部门的政策法规，严格执行，规范操作。

二是根据公司和相关合作方签订的约定，规范执行不同渠道服务窗口的收银作业，完善不同特性渠道后台数据的统计和分享机制，确保销售数据不丢失、不跑单，数据完整。

三是根据授权，改善或优化店铺财务及收银系统功能，主要目的是提高操作效率、强化安全，为所有员工提供全渠道营销服务的机会，不断改进新的交易方式。

2. 严格检查，确保质量

一是严格监视、监督检查收银操作过程。按照公司总部及相关合作方约定的条件，按照操作前、操作中、操作后的执行程序，跟踪监测，一方面杜绝违规违法操作，另一方面及时甄别风险责任方，在出现突发资金、财务等被盗抢、诈骗等风险事故时可以辅助查明真相。

二是专题学习，提高鉴别能力。组织主管部门以及全体员工学习金融法规知识，精心鉴定辨别钱款、票据的真伪，在全员投入全渠道交易服务的时代，既要提高销售业绩，也要通过制定更加规范、严密的防范措施，避免误判，维护员工和企业合法权益。

三是严格操作程序。监督检查财务及收银操作顺序，一方面要认真检查设备设施，确保收银设备设施、信息系统正常运转；另一方面要按规范核对钱款、票卡、兑换券、小票等，确保耐心解读、认真核对、唱收唱付，结合营业前、交接班、营业结束时段的操作程序，不断优化规范操作系统。

四是确保运送保存安全。按照相关法规要求，规范票据、单证、兑换券等售卖凭证的安全，包括营业期间安全维护、转交运送过程安全、临时财物代管点的安全等，认真执行店铺不许设立金库、不许存储票款过夜的法规，全面维护运营证据安全。

4.6.2 确保财物盘点准确

1. 确定盘点方式

一是明确政策和授权。执行公司总部规定，明确合同、资金、商品、票据等动态执行授权和管理责任，熟悉财务、销售、人力等信息系统授权分工，确定商品、物资、设备设施盘点程序操作方法，结合店铺规模和服务专业特点，组织盘点工作。

二是确定盘点方案。根据不同性质、不同物资的要求，确定盘点的范围、盘点内容的细化程度，结合季节、营销主题、合作方替换等变动因素，确定不同主题项目的盘点内容，包括库存、架存、动态数据，库存和架存、跨专柜前置仓联动盘点，线上线下联动盘点等，确定盘点工具，包括手工盘查记录、账实系统对比、智能终端扫描等方法，规范盘点机制。

全渠道盘点，是一个相对新式盘点工作，面对线上线下单品差异、库存动态差异、价格差异，要预先协商修正相关服务内容的管理方法，与盘点原则保持一致，避免出现盘点规则和渠道管理规则不一致，难以下结论的尴尬。

三是预先培训、准备，做好预判。确定基本方式以后，要提前下达通知，组织参加判断人员培训，先采用局部预判，检验整个盘点方法的可靠性，包括使用计数工具和记录表单的准确性、便捷性等。确定盘点时间、地点、时长，实施现场盘点。

2. 复盘检查

一是确定复盘的方式，包括在现场盘点过程中跟踪复盘、后台系统内抽查核验、部分疑问品类复盘等形式，并确定和记录规范的表单。

二是确定复盘的幅度，即核查到什么程度，包括现有商品静态数量核对、动态周转退换等跟踪记录和判断、商品数量长短、货损等因素的判断和记录。

三是定性复盘分析。对盘点过程中发现的长短、过期、损毁、错漏等问题，特别是对于商品周转过程中查出的货损风险、周转鲜度延迟、应季调配货品短缺、动销率过低等问题，要进行定性分析，辅助针对性询问调查，提出建议性方案，及时处置盘点疑问。

四是提出改进方法。一方面，在定性复盘前需要建立必要的识别定性规则，比如对于过期或损坏商品，可以按照变质毁损、部分损坏、包装破损、旧新品（没开封新品）等分级定性，估算损失。另一方面，要提出改进解决方法，各个服务业态差异很大，店铺规模也不同，盘点出现的问题有一定差异性，如何及时处置解决，确保以后不再重复出现同类问题，是考察店长运营管理能力的重要指标。

4.7 财物安全管理

4.7.1 编制人财物预算方案

1. 确定授权边界和执行程序

一是明确职责。店铺财务管理项目一般包括出纳管理、收银管理、结算管理、会计核算管理四个主要项目，涵盖财、物各领域，不同服务业态其特点会有一些差异。

二是明确授权范围。确定管理项目以后，要根据公司总部的授权特点，明确岗位任务。一般商业服务业的财务管理业务中，执行岗位分为财务会计、管理会计。财务会计偏向报表做账，包括项目确认、数据核算、计量统计、稽核汇总、编制报告等。管理会计偏向管理执行监督和运营诊断，主要工作内容包括预算计划执行、质量偏差控制、服务营销评估等，也可以称为预算管理。不同企业的店铺财物管理授权不同，要结合实际具体落实。

三是编制预算。一是明确预算依据。根据公司 3 ~ 5 年战略经营规划以及财务资金调配资源安全性，分解公司战略指标，和相关的执行部门、店铺以及店铺内部的业务部门进行核实、协商，上报预算计划，审核通过以后定为年度经营指标。二是明确预算报告编制程序，每年 11 月将预算计划明细表讨论下发给各个部门、相关岗位，根据本年度费用和预算执行情况、营销目标执行情况，提出下一年度的预算方向和指标。三是具体分解指标，形成部门岗位具体 KPI 指标方案。其中，拓展开店、创新营销、服务内容组合变更、选品变更等业务项目，要经过深入讨论确定，明确可执行性。和其他支持部门一道将预算计划纳入店铺和公司总体预算体系。

2. 规范执行预算

一是预算项目内执行，下属部门填制相关表单，根据预算额度执行计划，执行审批流程，审核通过后具体执行。

二是预算范围外项目，要根据业务特点和项目本身的必要性，填写相关说明审批单，写明主客观原因和必要性、紧迫性，上报审批。必要时要组织专题讨论会，确定其必要性，审核通过后予以执行。

三是预算项目变动，要在变动之前根据市场变化和项目的紧迫性提出说明报告，必要时组织专题讨论，论证变动的必要性和逻辑性，形成报批文件审核通过后执行。预算项目的变动涉及金额、内容和项目的范围、时限等要素，要有一定的底线约束。

四是预算进度的评估，在年度预算执行过程中，要按照月度、季度、半年等时段，结合项目的特殊性和紧迫性，对预算内容执行的进度进行审计和评估。重点是经营项目执行进度和质量效率。具体包括经营成本及期间费用、财务收支及资金利用、营运竞争能力及获利能力、资本及资金安全性、经营盈亏平衡分析等。

组织经营进度、效率评估活动时，店铺财务管理人员、管理会计人员要参与项目进度的具体评估分析，用专业视角为公司、为店铺管理的规范性提供科学依据。

4.7.2 规范运营安全管理

1. 规范安全运营体系

一是遵照法律法规的要求，设置安全生产执行机构，配备专兼职安全生产管理员，完善制度建设，使安全生产主体责任得到落实。

二是建立健全各项店铺安全运营制度和操作执行方法。严格执行制度，定期召开安全生产例会，识别和研讨安全风险及隐患，并制定整改措施。在重要时期、重大活动期间，制订专项安全运营方案。确保每年安全生产资金预算到位，对建筑、设备设施等安全要素进行年度检测，对消防、安防设施设备定期维护保养，按要求更换消防、安防器材。

三是严格落实新入职员工、调岗员工的岗前安全培训，重点抓好在岗安全巡检和排查处置训练，对重点部位、重点岗位开展操作规程、岗位职责教育，确保员工具备相应能力。

四是定期由安全主管部门负责人带队开展安全生产隐患排查及整改工作，及时查改隐患，定期组织处置突发事件演练，检验应急预案的可行性，增强员工应对能力，提高各部门、各岗位员工协同支持的能力。

五是规范危险项目作业的审核批准环节，包括动火、动电、拆除作业等项目，确保提前检查，有审批、有备案，尽量避免安全风险。

2. 明确安全运营责任

一是划分区域，明确责任。公司总部及店内主管部门、辖区安全监督机构按照年度签订安全运营责任书，分解其中的人财物安全运营指标，落实到人，做到每个成员有指标，岗位安全责任清晰。

二是突出行业专业特性重点。不同业态店铺运营中，各个部位、不同岗位的安全风险不同，比如餐饮店第一风险点在灶具、压力容器、油锅操作，黄金珠宝专营店第一风险点在手动报警装置的安全有效等，要按照业态特点排查风险，划分风险等级，按照安全管理等级和重点，明确重要部门、岗位人员，做好一线和二线系统的设备设施维护保养。

三是定期培训，强化重点。结合季节因素和店铺运营的淡旺季特点，明确不同时期安全管理的重点项目、区域，通过例会、专题训练，定期或不定期抽查，组织运营安全培训，将安全知识、安全操作结合起来，明确实操重点，告诫员工冷静、科学处理风险。

一般综合商业体店铺，主要安全风险点是现场加工食品的厨房用气用电区域，其次是中控室人员值守操作规范化，此外还有运营系统安全和商品防损避险等。

3. 加强检查、及时处置风险

一是规范检查方法和标准。对于店铺内外环境、重要场景以及能源设备设施，需要签订专业维保协议，定期维护保养，并做好巡视检查记录。

二是做好处突防范。在突发雨雪风天气变化、其他自然灾害、重大主题营销、供暖换季、内部商户经营变更等环节，要重点监管相关设备设施的安全，严格检查操作规则和运营记录，及时反馈检查的异常情况，及时诊断排查风险。

三是经常组织演练，包括基本程序示范演示、安全器械操作熟练度、突发事件处置方法、白天和夜晚突发事件训练等。通过班组、全员多层次演练，让每一个员工熟悉安全防范的基本要领，学会保护自身安全。

4.8 促进融合发展

4.8.1 推进数字化方案

1. 建立机制

（1）根据公司总部的规划和布置，建立数据分析岗位和职能。明确网络化数字化分析的智能任务和授权范围，确定收集数据、利用数据的手段和要解决的问题，排出完成任务的时限顺序和流程，作出合理分工，分别确定不同岗位要完成的具体指标。

（2）在具有决策权的店铺，要形成完整的数字化策划机制。①形成战略，在 3 ~ 5 年的发展规划中，将数字化内容和预期功能整合在一起，明确成本和产出规划。②确定入口，在服务和营销触达端，确定具体路径以及服务窗口，明确投入产出指标，建立运行和执行团队，确定执行机制。③规划服务内容，对于数字化的服务内容包括生产采购以及选品组合、触达推送、反馈改进，要形成独特的运行模式，由小到大，逐渐形成整体数字化服务内容。④打造专属平台，在服务内容和服务窗口形成较好的融合状态以后，深化升级，打造运行平台和组织管理平台，在总部实现数字化辅助决策系统。

（3）明确思路，坚定信心。企业数字化转型是必选课题，必须在战略管理、组织授权、产品研发、客户服务等主要方面建立从上到下全方位的转化机制。其间面对的最大困难在于扭转决策习惯，引入数字化驱动为核心的客观化决策机制，摆脱以传统习惯控制和指令为核心的主观化决策机制。

（4）澄清发展思路和理念。传统的信息化已经落后，数字化有全新的定义。①视角不同。信息化是基于传统管理需求，利用相关信息为管理模式服务，而数字化是作为业务体系的创新和再造，升级业务能力。②功能不同。信息化是为了加快管理效率，提高信息传递准确性。数字化是根据现有要素功能，进行运算和再造，直接提高业务效率。③授权主体不同。信息化执行部门是信息管理部门，整理、统计信息，向主管部门提供信息即可，而数字化结果影响决策，因此，需要企业主要决策人发出指令，从决策授权到组织流程发生变化，可以直接提供参考和预测价值。

2. 确定数字化方案

（1）确定管理思路和技术路线。随着网络技术的快速发展，在企业管理跟上消费节奏变化的同时，对店铺采取适度超前、可视应用、转化清晰的技术思路。选择的数字化系统和技术指标，可以是完全执行公司的数字化系统指令安排；可以是主动挖掘员工自己的技术能力，争取公司授权、独立完成技术方案；可以是在授权之后寻求外部资源，共同分享合作，在推进数字化运营管理的同时，提高数据分析的科学性。

数字化前提的管理思想先行，管理思想不升级，数字化技术无法发挥作用。

（2）从顾客角度选择基本数字化工具。主要包括：到店自动连接上网；查询服务内容布局、特性、性价比；点击选择服务内容以后快速应答、顺畅便捷的智能化咨询、互访等。

（3）识别锁定数据信息的来源标签。主要包括智能终端持有人的行走路线、接触品牌商品或者服务内容轨迹、消费历史记录对比等。一方面是店铺以往生成的信息，要建立信息分享计算安全防范机制，确保信息分享安全有效；另一方面是委托外部交换购买的信息，同样要保护客户信息安全。

在引入数字化系统分析起步阶段，可以与外部资源合作，培养企业或者店铺自己的人才力量，逐渐形成运营维护和市场推广转化力。

（4）确定运用数字化方案的目标。①为企业提供系统技术工具和分析识别手段，在市场上形成差异化的服务内容和营销壁垒；②加快执行效率，在供应链选择、服务内容选择组合、服务内容配送转接过程中，通过结构优化和预测，形成比市场平均水平更快的获客效率；③稳定客群，通过相对稳定的渠道，建立特性化的吸客要素组合，形成稳定的客群生态圈层；④升级管理系统，借助数字化技术手段，改善管理方法和管理流程，改进或再造商业模式，从传统的管理模式向契约化、数字化管理迈进。

（5）确定数字化运营过程的评价指标。发展战略方面包括数字化决策支持率、数字化场景布局率；运营管理方面包括数字化授权解决率、数字化督查反馈率、数字化客户服务率；员工能力成长方面包括数字化提案利用率、员工赋能转化率、数字化解决成长率；系统技术优化包括云平台应用率、集成融合普及率、系统化成本风险率等；社会经济效益方面包括综合服务内容质量改进率、社会相关方反馈转化率等。

3. 促进系统化分析

一是在公司层面或者有授权的店铺，建立全渠道数据分享机制。包括网络平台系统、商品系统、资源系统、顾客系统、人力系统等，明确横向打通的权责和分级授权流程，汇集各部门服务信息，建立提取窗口，为分析交流打下基础。

二是跟踪分析购买行为，组织系统化消费数据分析，包括顾客登录、查询、引导互动分析；顾客利用过程中，查询体验、尝试利用行为的数据收集与分析；顾客购买利用之后，反馈沟通平台及应答数据分析；店铺内部合作商户专门店与顾客互动服务行为分析；利用服务场景环境，组织开展主题快闪互动体验、表演展示活动分析等。

数字化成果的明显标志是客流结构优化，营销效率提升。

数据化及智能化的应用趋势是简化场景色彩、简化动态背景，AI 渗透营销环节。本质原因是，消费关注方式发生变化，缩小信息选择范围，超前获得信息，强化识别元素的可见性，弱化浏览内容的规范性。

4. 推动数字化运营升级

一是模块联动优化分析。从总体分析体系中选择密切相关的模块进行分析，找到改进模块优化处理的技术路线，为服务营销产品创新提供科学依据，兼顾跨区域、跨类别、跨业态融合经营诊断分析。

二是组织系统优化分析。在店铺及企业组织协调层面，嵌入数字化分析诊断功能，协助运营和决策分析，为企业组织运营系统改造提供设计依据。

三是对供应链“三流”做优化分析。在确保“情流”（情报信息）分享通畅、“物流”（商品供应）分配合理前提下，深度诊断分析“商流”（交易渠道）质量和效率，改进渠道供应链要素价值，监控或辅助清理招商、采购、加工、代理、配送、库管、店铺售卖等环节的经营负面因素。

四是适度引入智能化工具，创新服务场景。数字化分析是要增加顾客光临频率、增加购买转化率，提高可视化服务营销效率。智能化分析的基本标志，是引入人工智能（AI）技术工具，自主或者全方位模拟服务互动行为，跟踪技术进步浪潮，带动店铺运营升级。

相关案例

《数字化转型管理能力体系建设指南》20221959—T—339中数字化转型成熟度分级（十级）（摘要）

一是规范级，初步辅助应用，关键特征是初步使用信息技术手段或工具。

二是规范级，单环节应用，在某一个部门或单一的业务环节实现信息规范使用。

三是规范级，跨部门、跨环节使用，初步实现跨部门、跨业务环节的信息化集成。

四是规范级，主要业务场景集成管理，实现关键业务信息化规范管理和集成化应用。

五是规范级，全企业集成应用，实现企业整体关键业务信息规范管理和集成应用。

五是场景级，主要业务板块场景实现数字化集成，包括资源、人、财、物动态配置。

六是场景级，实现动态系统数字化，全部关键业务动态响应、动态协调、联动和优化。

六是领域级，全面数字化集成，实现全部关键数据集成和业务集成响应。

七是场景级，智能自主，至少在一个主营业务板块及场景，实现智能自主运行和协作。

七是领域级，动态协同，全部关键业务数字化，一体化敏捷响应和动态优化。

七是平台级，实现数字化集成，汇集用户、供给、需求等数据资源，实现个性化响应。

八是领域级，智能自主，基于孪生模型，实现关键业务智能自主运行和输出协作。

八是平台级，动态协同，基于平台汇聚数字化、模型化能力，实现社会化协同。

九是平台级，智能自主，实现平台化、社会化智能自主服务模式。

十是生态级，智能自主，在生态组织范围内，实现生态圈共生和进化。

4.8.2 制订渠道拓展合作方案

1. 融合发展的含义

一是不同业态、不同业种之间联合经营、融合资源，分享发展成果。

二是融合发展合作对象，主要选择社区邻近社会伙伴，容易达成共识，共同为社区做事。

2. 复合与融合

一是邻近复合化，与店铺经营商品和服务项目有一定关联性，又有明显的差异化，彼此联合经营，互相借势，比如、超市与便利店、洗染店与理发店、老年食堂与健康理疗等。

二是沉浸融合化，将店铺角色沉浸转化于社区、网络或行业协会、联盟平台，作为另一种社会共建者身份，与相关部门或机构共同发展。例如中华志愿者协会非公企业志愿服务大队，在共建社会志愿事业过程中分享商业机会，实现社会公益价值和商业经营价值。

3. 推进综合运营

一是能够制订店铺综合调改方案，实施拓展以及经营内容改造计划，对合作相关方伙伴提出优化建议，并在授权范围进行筛选、升级管理，促进店铺运营业绩。

二是能够编写运营培训提纲，带动初级和中级管理者成长，同时可以编制监督评价方案，结合公司总部的监督评价方法，完成店铺综合运营评价和督导，不断完善运营要素，确保店铺健康安全运营，逐渐发展壮大。

三是建立探索小组，如团购会员卡推广小组，在合规合法前提下，争取公司授权，建立多元化创新机制，或者探索设计、生产、销售一体化的营销路径，或者策划组合生活事件、社交场景等新的服务内容，如读书会、共享小餐桌、小型运动会、自筹市集等，丰富社区生活，彼此互相分享对方资源，提升相关方业绩。

四是与所在地区的社会资源合作，创新服务项目，围绕健康体检、亲子互动、老年照护、社交咨询、营养饮食等项目，组织大健康服务产品，通过参观互访、游学实习、座谈分享等形式分享优秀企业的成果，促进自身发展。

4. 参与社会公益事业

一是积极参与社区及社会相关机构组织的公益互助、绿色环保项目，包括但不限于帮扶捐助、垃圾分类、绿色低碳环保、街道环境清洁等活动。

二是组织参加社会主题文化宣讲活动，如消防安全日、质量宣传月、交通法规宣传月等活动，通过演示、宣讲，传达健康生活理念。

三是组织公益消费课堂，邀请所在地域相关机构讲师，为消费者传授安全消费知识、社会伦理道德知识、地域历史知识等，传播社会主流文化。

相关案例

2020 年突发新冠疫情期间，某医疗单位派遣先锋小组到疫情较重的城市支援。单位工会负责人联络邻近的某综合商业店铺，提出物资需求采购目录，希望在两天之内准备到位。

该店铺的店长接到紧急任务后，立即向公司总部报告，寻求支持，同时快速联系所在城市相关行业、品牌单位的业务负责人，讲明情况，联合相关资源，共同筹集采购商品。在店铺内部，店长发动全员，紧急筹备客户指定的行李箱、品牌服装、日用品等物资。

在各路合作方支援下，商品如约筹备到齐。接着为了赶时间，店长发动员工连夜验货、打包、装箱，并贴好标签，终于赶在约定时间的前 3 个小时完成了 1500 多件物资交付任务。在交付仪式上，店长代表企业赠送奔赴一线的医务人员每人一副防雾保健护镜，表达一份社会互助心意。事后，该店铺和专项小组得到区域主管机构的高度称赞。

企业及麾下店铺与社会多方位融合发展的根本，是要通过多元化手段，形成商业化、技术化和人性化相融合的企业组织文化，运用多维度元素，创新店铺运营模式；利用店铺的实体媒介，联络社区居民、促进社交沟通，增加人性化的情感温度和人文关怀，提高团队员工的身心健康水平；关爱社区顾客生活冷暖，维系和优化顾客情感关系的桥梁和纽带，共建美好和谐家园。